バスケットボールの教科書 4

The textbook of basketball

指導者の哲学と美学

CONTENTS

CHAPTER5

意欲　ピラミッドの中心となるもの

CHAPTER6

卓越性　強みの本質

CHAPTER7

指導者　学びの追求

CHAPTER 8

偉大　哲学と美学

モデル　東京成徳大学中学校バスケットボール部
デザイン　有限会社ライトハウス（黄川田洋志、井上菜奈美、藤本麻衣、山岸美菜子、明日未来、相川ひかる）
写真　少路昌平
編集　大久保亘
有限会社ライトハウス（黄川田洋志、松川亜樹子）

はじめに
美学と哲学がなぜ重要か

技術の再定義から始まった『バスケットボールの教科書』もついに四巻目、これにて全巻が揃う運びとなりました。第四巻のテーマは「指導者の哲学と美学」です。第三巻に続きチームマネジメントピラミッドを使いつつ、チーム活動の本質や選手を指導する者としての誇りをお伝えしていければと思います。

バスケットボールの偉大な指導者、ジョン・ウッデン氏の言葉を借りれば、我々指導者は「聖なる任務」を与えられています。

それは、自分が指導している選手たちの

①人格を磨くこと
②建設的なものの考え方と価値観を教えること
③模範を示すこと

という3つの役割です。これらを聖なる任務と呼んでいます。我々指導者は、意図するしないに関わらず、好む好まないに関わらず、選手たちにとって手本となる存在です。

我々がどんな哲学を持ち、どんな美学を持ってコートに立つかは、選手たちの成長に多大なる影響を与えるのです。

我々は選手たちの人生に触れています。技術や戦術の指導だけでは、指導者としての役割を果たしたことにはなりません。

この第四巻では、技術や戦術を超えた、偉大なチームづくりに必要な「哲学」や「美学」の要素についてご紹介します。そして、指導者としての成長のコンセプトについて、みなさんと考えていきたいと思います。

CHAPTER 1

練習分析

より良い練習の論理的な側面

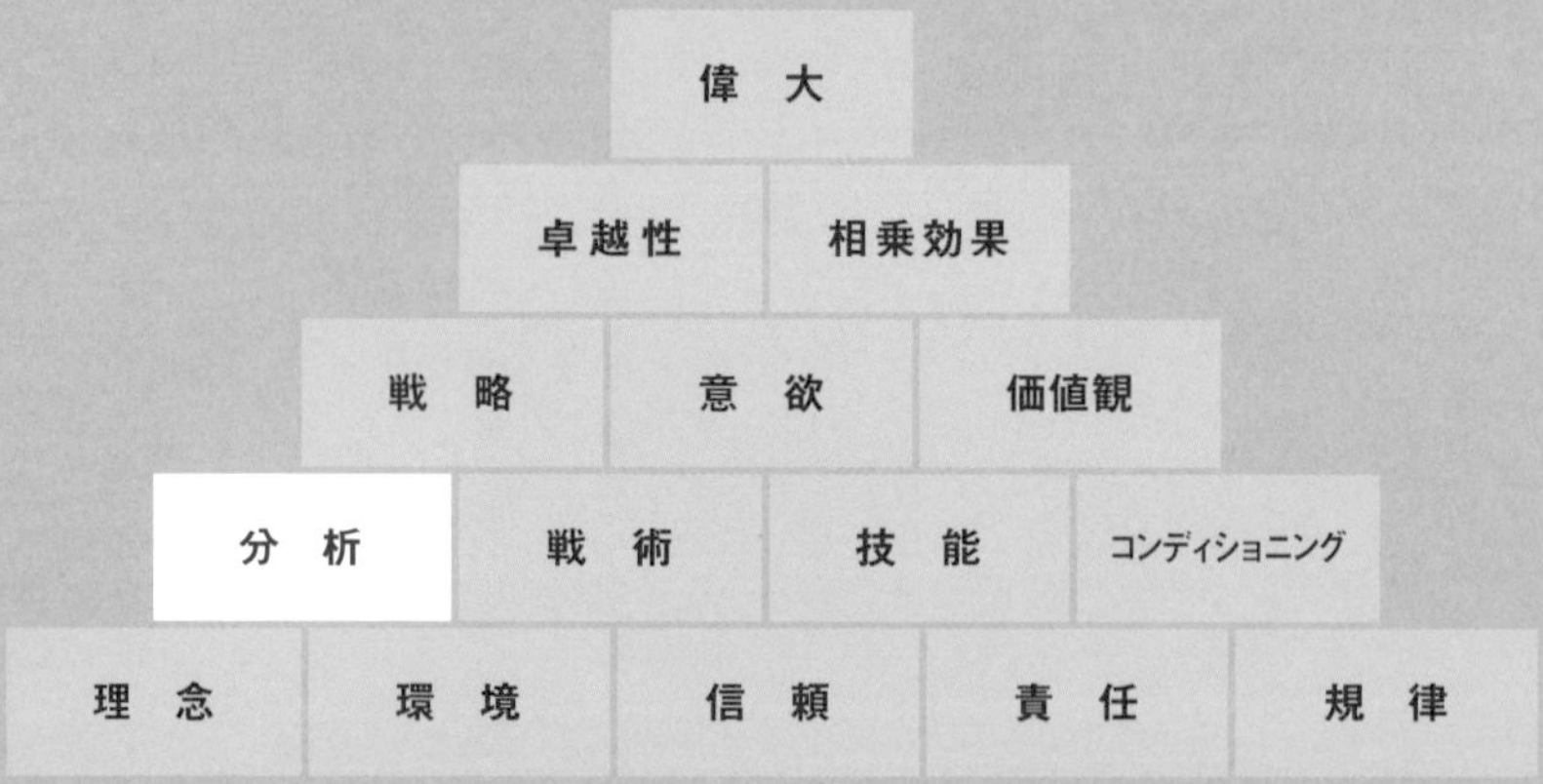

CHAPTER 1

1

練習を分析する

同じ時間でより成果が挙がる方法を考えることを、産業界では「生産性のコンセプト」と言います。バスケットボールの練習でも貴重な時間を無駄にできません。コーチには「より良い練習」を追求していく姿勢を持って、練習計画を立てていくことが求められます。

まずどんなチームにも制約条件があります。練習時間は最もわかりやすい制約条件です。1日に練習できる時間は限られています。2時間なら2時間の効果的な使い方。3時間なら3時間の使い方を考えます。もっと俯瞰して、では1週間で何時間か。1カ月では……。このようにまず時間の制約を元に練習計画を立てます。

時間以外にもさまざまな制約条件があります。コートの使用制限は？　選手構成は？　試合頻度は？

制約条件がないということはありません。どんなチームにも必ず制約条件はあります。だからコーチは制約条件を言い訳にしてはいけません。まずは制約条件と向き合い、整理し、そのうえで最善の方策を考えるのが仕事と言えます。制約条件こそが、練習内容を精査する材料となるのです。

制約条件と向き合うことで、おのずとフィードバックをするようになります。いま行った練習は100の成果を挙げられたとします。選手を下手にする練習はほとんどありませんから、当然の成果です。しかしこの同じ時間で120の成果を挙げる方法はないか、140にする方法はなかったか。このように練習の質を向上させていくのです。そのためにも、練習を分析するという意識を持つことが非常に重要になるのです。

ここまで述べてきたことからおわかりのように、分析するということの対象は、対戦相手だけにとどまりません。自チームのパフォーマンスを分析することはもちろんのこと、その結果から練習の内容や構成までをも分析していく必要があるのです。

2

練習分析の論理的な側面

練習の質を高めるためには、練習を論理的な側面と力学的な側面から分析する必要があります。まずは論理的な側面の分析について考えてみましょう。

10人のチームでレイアップシュートを練習するとします。1人がドリブルからシュートをして、ボールを拾って次の人に場所を空ける。これに6秒かかるとします。1分間でちょうど10人です。これを10分間行えば、1人につき10本ずつ練習できます。

もっと本数を増やしたいと考えたとき、これまでは前の人がシュートを打って、成功したか失敗したか見届けてから次の人がスタートしていましたが、前の人とぶつからないギリギリのタイミングで次の人が出るようにします。これで3秒に1本打てるようになるとすると、10分間で1人につき20本ずつ練習できることになります。極端にシンプルな例えですが、これが練習を論理的に分析するという側面です。

もう少し別の角度から分析・管理してみましょう。この10分間のレイアップシュートですが、10人でやっているのですから1人が練習をしているのは時間で言えば1分間だけ。

残りの9分は休んでいることになります。そこでシュートが終わってから列に戻るまでの間を利用して、ドリブルのドリルを行うようにします。さらに、ドリブルし終わった選手がパスを出して、そのパスを受けてレイアップにいくという流れにするのです。これで3つの練習が統合されて、効率はぐんとアップします。シュート練習とドリブル練習、パス練習をバラバラにしか考えられなければトレードオフ（こちらを取ったらあちらは諦める。第一巻91ページ）するしかないので、時間効率をあげることは難しいのです。

ただしここで注意しなければならないことがあります。どんなに計算されたシステムでも選手が積極的に取り組めなければ、それは失敗だということです。つまり力学的な側面は疎かにしてはいけません。コーチは選手が生き生きと取り組めて、なおかつ論理的な練習メニューを組み立てていかなければならないのです。力学的な側面とは、選手の心理的、生理的、社会的な側面です。お互いが影響しあって練習の質を変えるものです。ここについては、「意欲」のブロックにて詳しくご紹介するので、この章では論理的な側面についてさらに整理していきたいと思います。

3 基本的なメニューの組み立て

練習の質を上げる方法はチームによってさまざまなので、「これが正解」というものはありません。ただしどんなチームにも当てはまる基本は存在します。まずは論理的な練習メニューの組み立て方についてです。負荷をかける内容として、①脳②筋③心肺機能という順序が基本的な流れになります。

まず脳です。脳への負荷がかかるときは、新しい戦術やスキルを覚えるときです。疲労した状態では集中力を欠きやすく、新しいことの学習効率が下がります。体が疲れていないフレッシュなときに脳を使ったほうが効率良く新しいことを覚えられます。

次に筋です。筋は10の力を持っていたら10を使い切ることで11、12と能力を高めようとします。8しか使わなければ10以上を必要としないため、下がることはあっても上がることはありません。

そして最後に心肺機能です。先に心肺機能を高める練習をしてしまうと筋はダメージを受けてしまい、10の力を出し切れないということが起きます。本人は必死に10の力を出し切っているつもりでも、脳がそれをあるところまでくるとセーブしてしまい8の力しか出せていないという現象が起きます。心肺機能に負荷をかけるトレーニングは筋がダメージを受けた後でも実施可能なため、順序としては3番目になるのです。

そして最後に大事な要素があります。それは「ポジティブな空気」です。もし持久的な苦しいメニューで今日の練習が終わったとします。すると、選手たちはそのイメージを持ち帰ることになり、次に練習に来るときにもつらかった印象を持ったまま練習会場に足を運ぶことになります。

そこで、たとえ厳しい練習を行ったとしても、最後に気持ちが晴れるような練習で終えることができれば、選手はその気持ちでコートを去ることになるので、次の練習でもポジティブなモチベーションでコートに来られるようになるのです。よって持久系の練習のあとは、競争的なドリルゲーム形式など、チーム全体が盛り上がるような練習で締めるのがおすすめの構成です。これは、まだ「意欲」や「信頼」、「規律」といった、組織を強くするうえでの土台が弱いうちには特に重要な要素となります。

4

練習メニューの組み立て①

ラーニングメソッド

練習メニューの組み立てについて、さらに深めていきましょう。ゲームのようなバスケットボールの全体像をそのままに練習するやり方のことを全習法、その要素を取り出して部分を細かく確認するようなやり方のことを分習法と言います。この全習法的なものをマッチ（試合形式）、分習法的なものをトレーニング（練習）と呼んで、全習法的な練習で全体像を把握したうえで分習法的な練習を行い、そのうえでまた全習法に戻るという練習の流れのことをＭＴＭ（マッチ→トレーニング→マッチ）メソッドと呼んだりもします。ＭＴＭにすることで、分習法で取り上げる内容が試合の中でどのように生かされるのか、どんな場面で使う技術なのかを明確にイメージすることができるので、効果的な組み立てとして広く認知されているメソッドです。

ここで、分習法や全習法といった要素をさらに細かく見ていきましょう。練習したい要素を並べたときに、Ａ、Ｂ、Ｃ、Ｄとなったとします。これをそれぞれ順番に練習していき、最後にＡＢＣＤを使った全習法的な練習をする。これをパートラーニングメソッドと言います。また、Aを練習した後にABという形で練習する。次はBC、そしてCDという組み合わせで確認してABCを経て、最後にABCDというように、前に練習したことを次の練習のときにつなぎ合わせて学習していく手法をユニットトラーニングメソッドと言います。

これらはどちらが優れたメソッドかというものではなく、目的や内容に応じて最適なものを選んでいかなければならないものです。パートラーニングはシンプルに要素を確認していけるので、新しい学習や複雑なものを取り入れる段階で効果的です。もう一方のユニットラーニングは要素と要素のつながりをイメージしやすく、全体像の中に各要素を取り入れやすいのが特徴です。その分複雑な練習になりやすいため、すでに学習が進んでいるものや単純な要素の組み合わせで効果が高い手法です。選手の学習能力が高ければ、よりユニットラーニング的な手法が効果的になっていきます。

また、ABCDと並ぶ要素も、DCABという順序のほうが学習しやすい可能性もあります。A→AB→BC→ABCというユニットラーニングの順序も、C→BC→ABCのほうが時間的にも学習的にも効果的になるかもしれません。このように、練習の内容を吟味し、分析していくことによって、同じ時間をかけたときにより大きな成長につながるような「より良い練習」を実行することが可能になるのです。

5

練習メニューの組み立て②

学習の原則

練習を組み立てるということにおいて、A→B→Cが良いのか、B→C→Aが良いのか、そういったことを判断するための基準をいくつか示していきたいと思います。まずは、学習の3原則です。①イージー－ディフィカルト（易しい－難しい）②ノウン－アンノウン（知っていること－知らないこと）③シンプル－コンプレックス（単純－複雑）です。つまり①簡単なことから難しいことへ、②知っていることから知らないことへ、③単純なことから複雑なことへ。という順番で取り組んでいくと学習の効率を高められるのです。逆にすると、同じレベルまで高めるのに要する時間が余計にかかってしまうことがわかっています。

ここで大切なのは、選手に適した練習を考えるために、コーチがその選手のレベルを見極められなければならないことです。バスケットボールの技能は段階で表すことができます。できるかできないか0か1かではなく、できない＝0の状態から、階段を登るように少しずつできるようになっていくというイメージです。もし選手のレベルが4段階目にあると判断したら5段階目の課題を与えます。ちょっと難しい、でもクリアできないレベルではない、という課題を与えるようにするのです。

これがコーチの力量が問われる部分です。選手のレベルを見極められるか、また選手のレベルに応じた練習メニューを提供できるか。もし選手のレベルが見込みよりも高かったり低かったりしたら、レベルに最適なメニューを提供できるかどうかで練習の効率は大きく変わります。

これは説明の量、言葉の選び方といった部分にも及びます。初心者には時間をかけて丁寧に説明しなければなりませんし、ある程度のレベルに達しているなら必要なだけ説明したらすぐに練習に取りかかれば練習に使える時間が増えます。コーチにはこういった細かい部分にまで目を向けたマネジメント能力が求められるのです。

また、この部分は選手のやる気という力学の側面にもつながります。「フロー理論」という理論がこの部分を最もわかりやすく説明しているので、後ほど詳しくご紹介します（108ページ）。

6

練習メニューの組み立て③
オープンスキルの技術学習

A

やBやCにはどのような要素が入るのかも考えていきたいと思います。

そこには、シュート、ドリブル、パスというように技術的、戦術的に分解された要素が入るだけではなく、練習の段階的な要素も関わってくるのです。バスケットボールのようなオープンスキルの競技（第一巻24ページ）には①シャドー②ダミー③ディシジョンメイク④ライブという段階を踏んだ技術習得が適しているといわれています。

シャドーは相手がいない状態で正確な動きができるようになる段階です。次のダミーでは相手がいる状態で練習します。オープンスキルの技術ではこのダミーの相手がいる練習が非常に重要です。技術を使う間合い、駆け引きのタイミングなどは相手がいてはじめて体感的に学習することができます。脳が体を動かして技術を発揮しますから、視覚から入る情報と運動の関係性は非常に強いものです。このときダミーの相手は本当の試合のように構え、反応し、間合いも含めて実戦的な状況を再現することが重要になります。

次にディシジョンメイクです。相手の対応によって瞬時に動きを変えていく段階です。

例えばドリブルからの1on1練習で、右手でドリブルして右側にアタックする練習をしているとします。ダミーのディフェンスはアタックに対してそのまま抜かれる状況を演出したり、突然コースに入ったりして状況を作り分けます。オフェンスはその状況に対して表と裏の技術を使い分けるトレーニングをするのです。つまり、技術は常に表と裏を用意して練習することが重要になります。また、それをとっさに使い分けられるようになるためにも、このディシジョンメイクの練習が非常に重要になるのです。

最後がライブです。これは試合と同じような真剣勝負です。シャドーの練習から突然ライブの設定になってしまうと、オープンスキルのスポーツでは効果的に技術を学習することが難しくなります。このシャドー→ダミー→ディシジョンメイク→ライブという手順をSDDLメソッドと呼んでいます。気をつけなければならないのは、効果的な技術学習のためにシャドーから突然ライブに練習を設定しないこと、ただし必ずしもシャドーから始めなくてもよいということです。技術の内容によっては、シャドーをとばして最初からダミーがついた練習をしたり、簡易な動きであればディシジョンメイクに近い形から始めることも可能かもしれません。

情報が溢れている現代において、技術の落とし込みや、練習段階をどのように設定するかといった側面は、指導者としての力量の差が出るところになると思います。

7

さらに良い練習を目指す①
プロセスを分析・管理する

組織のマネジメントを考えるうえで、「生産性のコンセプト」は非常に重要です。時間は有限であり、最も失われやすい資源であるため、より短い時間で大きな成果につながるものに集中することが生産性を向上するカギになります。

スポーツのチームにおける成果につながるプロセスは練習です。プロセスが論理的に生産性高く組み立てられているかは、成果につながっているかどうかで評価されます。その練習が生産的であったかどうか、いい練習であったかどうかを評価するためには、成果を定義する必要があります。ゲームに勝利するという成果で練習を考えれば、プロセスの評価や分析は比較的容易です。第二巻でご紹介した通り、勝利の原則に則れば、勝利への貢献は6つの要素（①自チームのシュート本数を増やす　②自チームのシュート本数を減らさない　③自チームのシュート確率を上げる　④相手チームのシュート本数を減らす　⑤相手チームのシュート本数を増やさせない　⑥相手チームのシュート確率を下げる）に絞られます。その6つの要素の中のどこにどれだけの時間を割くのか、その整合性が生産性

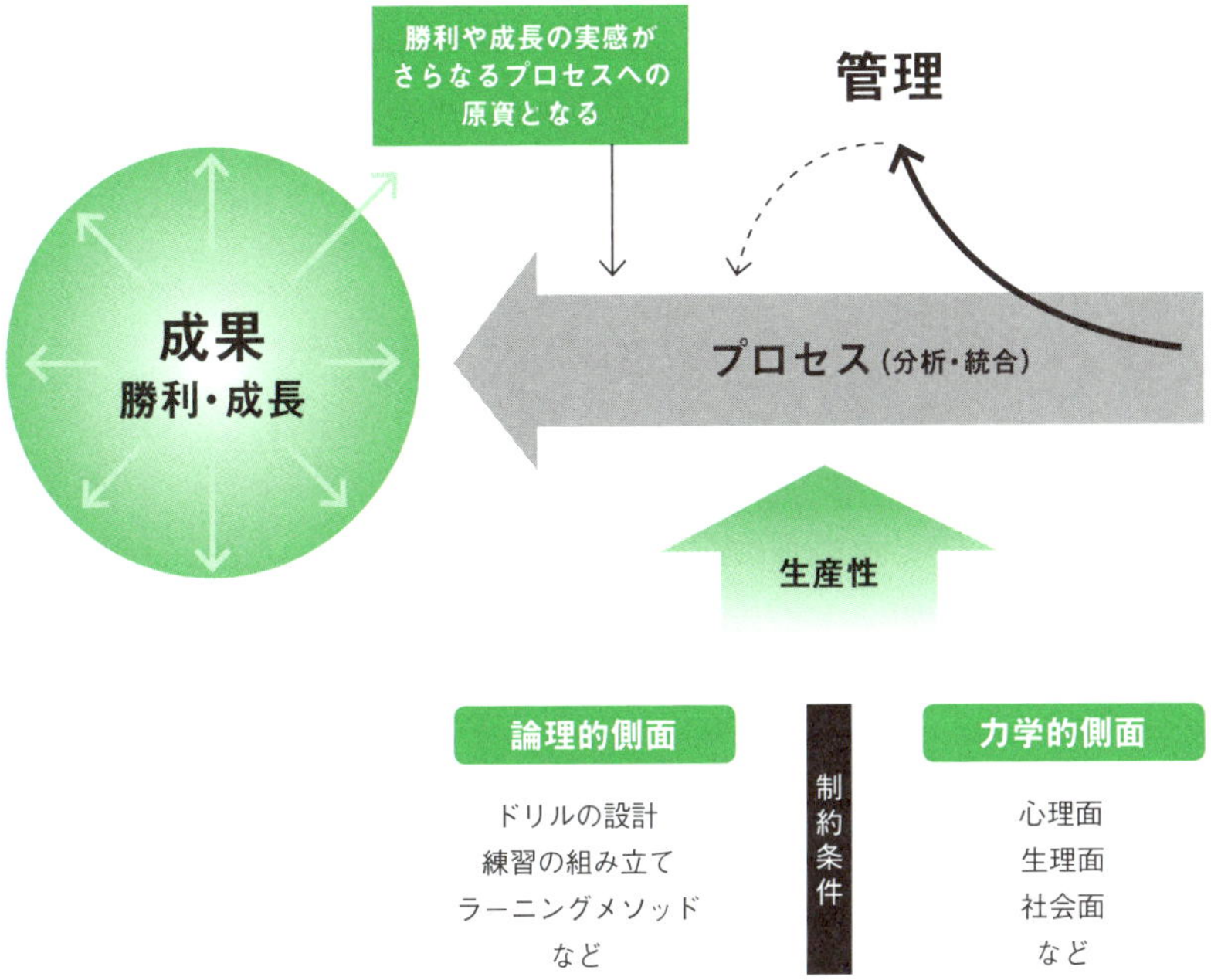

のコンセプトに直結します。

例えば、1試合に70得点するオフェンスを目指して練習をしているとして、先週の試合では55点しか取れなかったとします。分析の結果、シュートまでは行けているがそのシュートを決めきれていないことが原因だとわかりました。ならば、練習の時間配分と中身を管理し、今週の練習では実戦的なフィニッシュのドリルの時間を多めに設定するのです。これが、成果の定義からプロセスを分析し、管理するという行程の一例です。生産性のコンセプトで練習というプロセスを分析、管理し、より良い練習を考え続けることが指導力の向上につながるのです。

8

さらに良い練習を目指す②
トレードオフと統合の違い

練習の生産性を高めるうえで、トレードオフと統合の違いを押さえておくことは非常に重要です。トレードオフは入れ替え、統合は何かと何かをまとめるということです。例えばこれまで1対1を練習してきたチームが、リバウンド練習を取り入れたいと考えたとしましょう。でも両方練習する時間はありません。

「トレードオフ」の考え方をすれば1対1とリバウンド練習を入れ替えてしまうでしょう。しかし1対1の中にリバウンド練習を組み込む「統合」であれば、両方を同時に行えるのです。統合の利点は時間効率が上がることです。2つの練習を統合すれば2倍、3つを統合すれば3倍というように、加速度的に時間効率が上がります。また、流れの中でリバウンドを練習できるため、そのまま試合で通用するような生きたスキルが身につくのです。

ただしあまり多くの要素を統合しすぎると、それぞれが浅く薄くなってしまったり、選手の処理できる許容範囲を超えてしまうことがあります。統合の適切な度合いは選手の処理能力によって決まります。逆に言えば、選手の処理能力を高めることが練習の生産性を高めることにつながるということです。そして、選手の処理能力の向上のためにも、いくつかの要素が統合された練習に取り組むことが重要です。

単調な技術の反復練習であれば、ドリルのオーガナイズの中に複数の項目の統合を行い、時間効率の向上を目指しましょう。複雑な学習や新しいことに取り組む場合などは、ドリルのオーガナイズは単純化し、選手の学習速度に応じて常に最適な負荷の設定を取り入れていきましょう。

9

さらに良い練習を目指す③
良い練習かどうかの議論

コーチはいまやっている練習をより良いものにするために追求していかなければなりません。そのためにも、その練習が「良い練習」であるかどうかの深掘りをしていく必要があります。

コーチならば「ハンドリング練習は？」と問われたときに選択肢をいくつも持っているのが理想です。コーチの役割はいくつもあるハンドリング練習の中から「この選手にとって、これがベストだ」という一つを選択して選手に提供することなのです。しかし、メニューを一つしか知らなければ、ハンドリング不足の原因がどこにあるかは関係なく、そのたった一つをやり続けるしかありません。なぜその練習をやるのか？　と問われれば、その練習の良い効果を挙げるでしょう。これではコーチがもっと知識を増やそうとか、練習の精度を高めていこうという努力を怠っているようなものです。もちろん、そもそも単なるハンドリング練習をするよりもドリブルドリルをすることのほうが成果につながるという可能性も考えなければなりません。なぜ、その技術を取り上げるのか、なぜその練習方法を採用するのか、なぜその順序で練習するのか、これらのＷＨＹに対する答えを持っておくことが重要なのです。

そこでコーチは練習メニューの選択肢を増やすことが求められます。練習を選ぶときには、その練習の良い部分ではなく、他の練習よりもこの練習が良い理由を語れなければならないのです。ＷＨＹに対し、「だってこの練習はハンドリングを高める効果があるから……」という答えだったら、これは答えとしては質が高くありません。ハンドリングを高める効果がないハンドリング練習なんてほとんどありません。どんな練習でも、ボールを扱えばボールを扱うレベルが上がります。

大事なことはその上がり幅や実戦での有効度、戦術との整合性などです。この練習が他のものよりも価値の高いものなんだという理由が重要なのです。他のものを選ばなかった理由をいくつ並べられるかのほうが、その練習がいい理由をいくつ並べられるかよりも重要です。つまり、多くの選択肢を持っていることがより良い練習を吟味する前提条件となるのです。そして、その「より良い」という評価の尺度となるのが、成果に対する効果や生産性のコンセプトなのです。

10

さらに良い練習を目指す④
制約条件が練習内容の判断材料となる

ビジネスでは、制約条件を把握することが仕事の内容を精査するうえで非常に重要になります。制約条件とは期限、成果、予算、人材などです。制約条件がない仕事はありません。逆に言うと制約があるから、何をどのように進めれば良いか、いま何をするべきかが決まります。勉強の面でも同じです。

例えば、「400字以内でレポートをまとめなさい」という課題が出たら、言いたいことを400字以内でまとめなければなりません。この400字以内という部分が制約条件です。言いたいことを言うために、2000文字分くらいでいろいろと書きたくても、それを400字以内にまとめなければならないのです。そのため、言いたいことを簡潔にまとめるための言葉の選択や組み立てという技能が必要になります。それも、手書きではなくデータで提出しなさいという制約条件が加われば、作業の仕方も変わるのです。

このように、制約条件が仕事の仕方、勉強の仕方を左右します。

バスケットボールチームのコーチもさまざまな制約条件の中で仕事をします。練習環境、練習時間、試合の日時、リクルートの条件など、制約条件はチームによってまったく異なります。その異なる制約条件の中で、勝利や成長という成果を出すという共通のゴールを目指すわけです。

例えば、山の頂点に登るというゴールは一緒でも、スタートする位置が違うと取るべき行動も変わってきます。一方のルートは傾斜がきつく、筋力が重要になる登り方、もう一方はなだらかな斜面でくねくねと長い道を行くために筋力よりも持久力が重要になる登り方、といった具合です。スタートラインの違いが道の歩きやすさや休憩所の数など制約条件の違いを生むため、取るべき行動や準備の内容が変わってくるのです。

バスケットボールのコーチングでも、仕事を成功させるためには、まずこれらの制約条件を認識することが大切です。そしてより厳しい制約条件へ目を向けるようにします。

例えば男女のチームで1面しかない体育館を交互に使わなければならないとします。これは練習環境や時間の制約条件です。練習効率を上げたいために部員を15人程度に絞りたいけれど、私立学校で学校経営を考えるとそうはいきません。これは人材の制約条件です。

これを現実として認識することによって、では体育館が使えないときにどうするのがベストか、部員が多くても効率を上げられる練習方法は何か、といったことを工夫して乗り越えようとできるのです。

コーチはどうしても制約条件が厳しいことを言い訳にしてしまいがちです。しかしどんなチームにも必ず制約条件はあります。諦めたらそこで終わりです。制約条件があるからどんな練習をすればよいのかが決まるのだという捉え方をすれば、変わってくるはずです。

「良い選手がいない」「コートが使える時間が限られる」「練習時間が足りない」……。制約条件はただ認識するだけでは、言い訳の材料を探すだけになってしまいます。把握したうえで、その裏の可能性に目を向けることが大切です。

「良い選手がいない」というのは裏を返せば「能力は突出していないけど、泥臭く勤勉に頑張れる」選手が多いということかもしれません。突出した選手がいるチームよりもボールシェアが良いバランスのとれたオフェンスを指導しやすいかもしれません。選手にその方向と可能性を示してあげれば、チーム全員が同じ目標へ向かって頑張れるチームになるかもしれません。スター選手はいなくても、全員が平均的にできれば、ベンチを含めた選手全員で戦えるチームになるかもしれません。15人をフルに使って走り負けないチームを作れるかもしれません。

「コートを使える時間が限られる」のなら、校舎の屋上などを使った練習が考えられるかもしれません。「練習時間が足りない」のなら、各自に責任を持たせて、自主練習で補うように導けるかもしれません。どんな制約条件にも裏を返せば別の世界が見えてくるものです。このように制約条件をプラスに転化していく方法を考えることが大切なのです。

チームマネジメントピラミッドの「環境」の上に「分析」があるのは、制約条件が環境のブロックに当てはまるからです。自らが置かれている環境の制約条件を分析し、その中でも成果を大きくしていくために何ができるか可能性に目を向け、日々の練習の生産性を高められるように工夫を凝らしていくこと。これが指導者としての「卓越性」につながっていくのです。

CHAPTER 2

ゲーム分析
成果の評価からはじめる

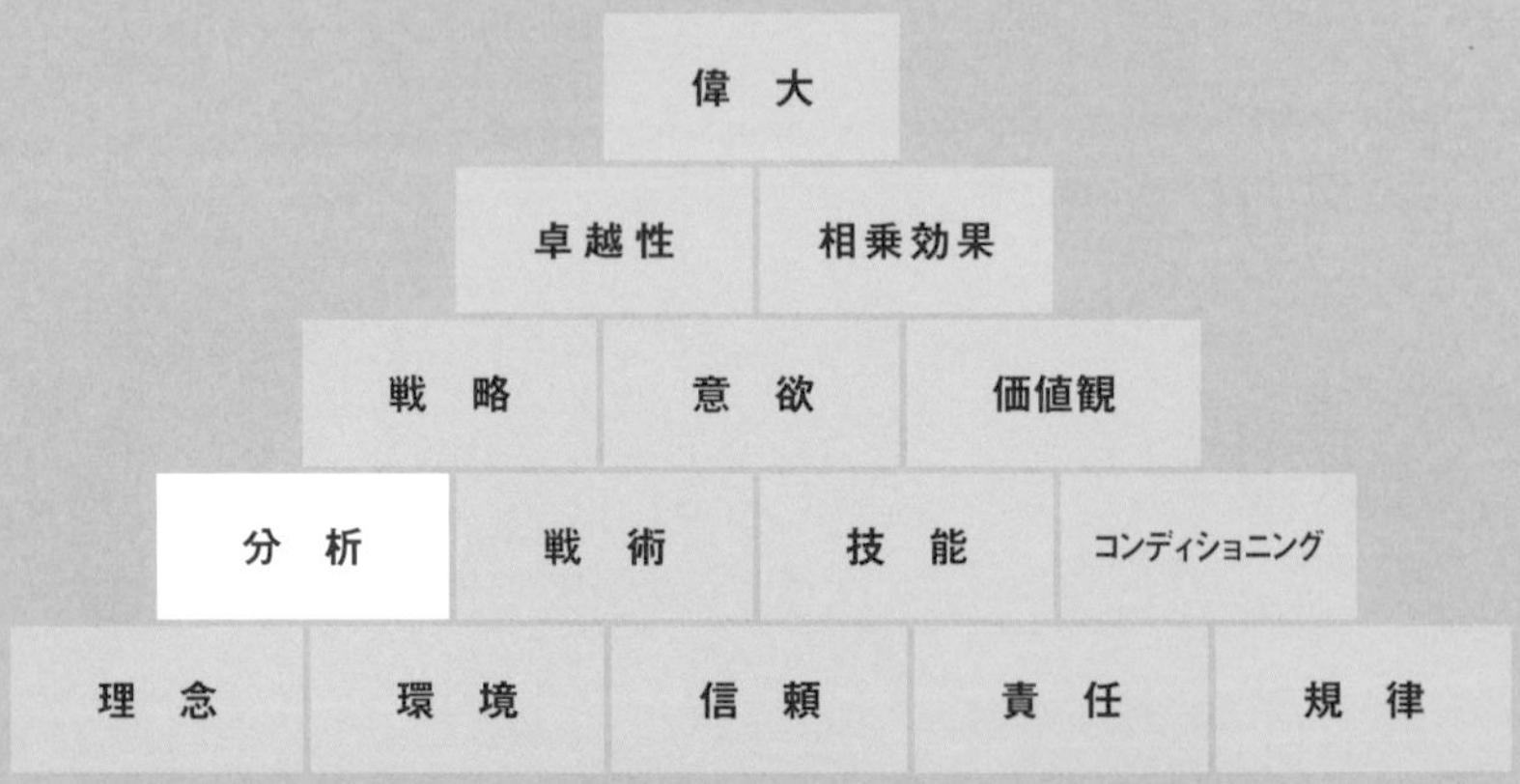

1 ゲーム分析をすることで成果を分析できる

分析のブロックで最初に練習分析を紹介したのは、育成年代のコーチングにおいて非常に重要な側面だからです。

選手の育成を重視して考えれば、指導者が組み立てる練習の質の向上が重要であり、そのために練習分析が必要です。そして、この練習分析の精度を高めるために、ゲーム分析が必要不可欠なのです。プロレベルであれば、分析のブロックの中では、このゲーム分析の要素の重要度が増します。分析によって相手の特徴をつかみ、強みと弱みを把握して戦術、戦略を練ることは勝敗に直結します。

この側面だけで考えると、勝敗にこだわらない育成年代のコーチングをされている方にとっては、ゲーム分析はそれほど重要ではないと思われるかもしれません。しかしながら、ゲーム分析なくして練習の分析は不可能です。練習というプロセスの成果は試合の中で表現される以上、試合の分析なくして練習というプロセスの質の向上はないのです。

ゲーム分析は、戦術・戦略の意思決定材料になるだけでなく、練習分析のための資料に

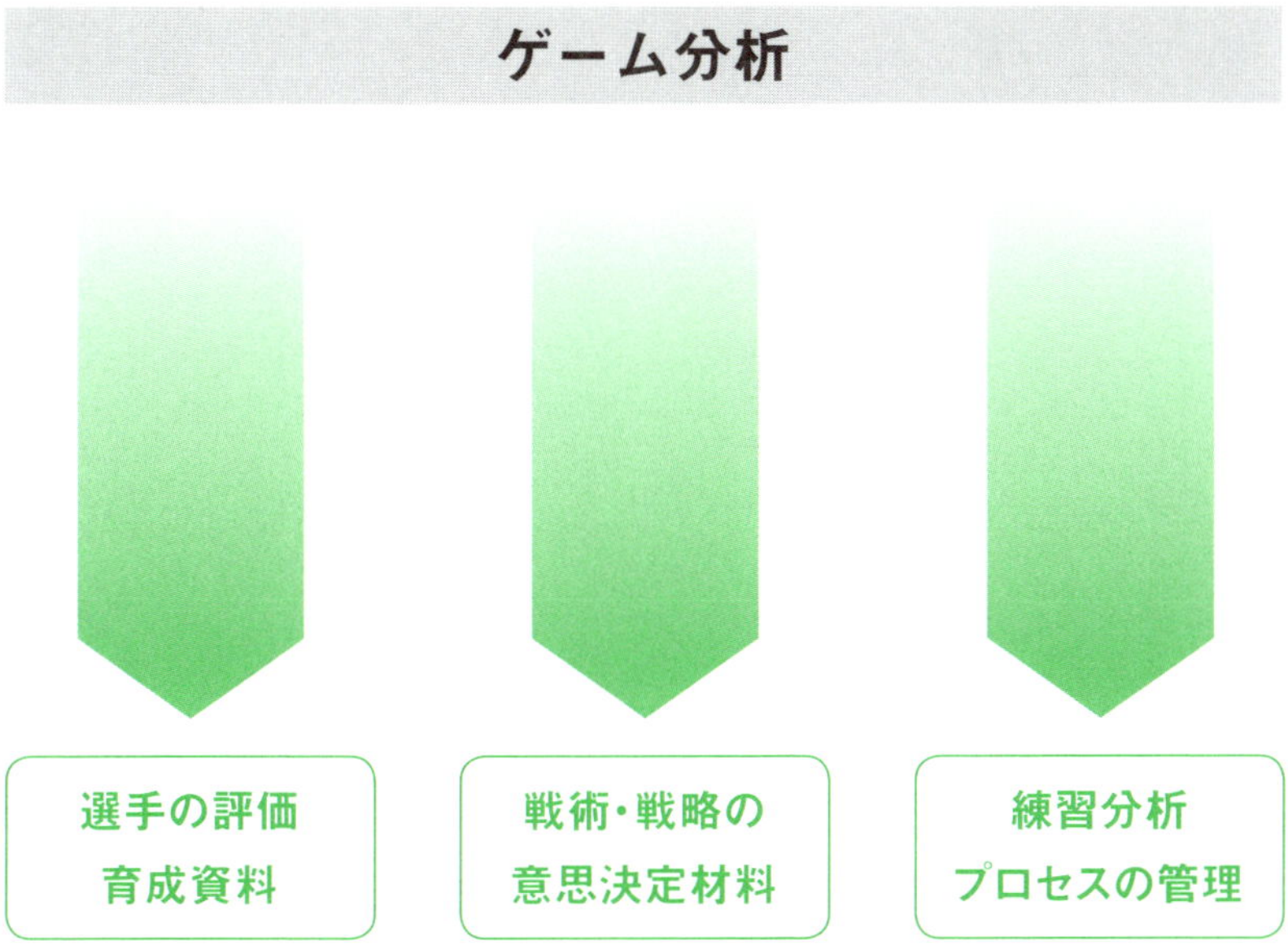

もなるのです。

　また、それ以外にも「意欲」のブロックに影響を与えることができます。選手の評価や成長に、ゲーム分析の内容を活用することが可能です。育成年代の指導者だからといって、ゲーム分析を無視することはできないのです。専門的なゲーム分析の内容をすべて網羅することは不可能なので、ここの章では基本的なゲーム分析の要素をご紹介していきたいと思います。

2 最低限押さえておかなければならないスタッツ

ゲーム分析を考えるうえで、最低限押さえておかなければならないのは、「勝利の原則」に関わる部分です。第二巻でご紹介した通り、バスケットボールの勝敗はシュートの本数と確率で決まります。シュートの本数に関わる要素としては、①リバウンド、②ターンオーバーがあり、シュートの確率に関わるものとしては③試投数（Attempt：アテンプトなのでAと表記されることが多いです）・成功数（Made：メイドなのでMと表記されることが多いです）があります。最低限としては、この3つを押さえておくことで戦略と戦術の概要は把握できますし、練習分析の材料としても重要度が高い部分を押さえることができます。

もちろん、さらに精度の高い分析をしたいとなれば、確率の高いシュートにつながるアシスト、ターンオーバーにつながるスティール（相手の攻撃の途中でボールを奪うこと）、ディフレクション（攻撃権は移らなかったが、ボールには触ってプレーを妨げたという現象）、自分がしたファウル数やファウルを受けた数、ブロックショット（シュートされた

EFFの計算式

EFF ＝（ポジティブなスタッツ）－（ネガティブなスタッツ）

スタッツの例

■プラスにすることが多い	■マイナスにすることが多い
得点（PTS）	シュートを外した数
スティール（STL）	ターンオーバー（TO）
リバウンド（REB）	
アシスト（AST）	

ボールを手で弾くこと）、プレータイムなど、情報が多ければ多いほどさまざまな角度からチームを分析することが可能です。

これらの要素のことを「スタッツ」と呼び、スタッツを使った選手分析の代表的な手法にエフィシエンシー（EFF）があります。詳しくは次のページで紹介しますが、選手のポジティブなスタッツとネガティブなスタッツを足し引きして、トータルでの試合への貢献度を数値化するというものです。

3 スタッツを使った選手の評価

選手の評価をする場合には、前項で紹介したエフィシエンシー(EFF)という項目を用いることがあります。基本的にはスコアが高いほうが良い選手だといえます。試しに計算してみましょう。例えば、得点をポジティブ、シュートを外した数をネガティブとして算出します。チームに1試合で30点をとった(2点シュートを15本決めた)2選手がいるとします。同じ30得点でも、1人は5本しかシュートを外していないのに対して、もう1人は25本外しました。単純に考えれば、得点からシュートを外した数を引いて前者は「+25(30－5)」、後者は「+5(30－25)」です。

つまり、同じ得点でもシュートをたくさん打っている選手と、少ないシュート本数の選手とではシュートが少ない選手、つまり失投が少ない選手のほうが高い評価になるのです。得点やシュート本数、試投数以外に、リバウンドやスティールなどのポジティブなものをプラスし、ターンオーバーなどをマイナスしていくことで、EFFを算出して選手の評価に使うのです。そうすることで、選手たちは試合に貢献するということの本質的な側面を理解することができます。

また、ＥＦＦの計算はチームの理念によって変えることが重要です。例えば、激しいディフェンスを「理念」に掲げているチームであれば、ファウルはプラスに計算する（退場してしまったらマイナスにするなどの工夫もあり）、スティールは一つあたり＋２にする、といった具合です。こうすることで、チームが目指している理念と評価指標という環境が連動し、理念の浸透が促進されます。分析のブロックが理念と環境の上にあるのはこういった側面を表しているのです。

また、ＥＦＦ以外にも±というスタッツを用いて選手を評価することができます。これは選手が出場している間の得点の経緯を表すもので、自分が出ている時間に得点差がプラスに何点推移したか、マイナスに何点推移したかを記録します。

スコアにも表れないし、印象に残るプレーもしないけれど、出場している間は相手の得点が伸びないという選手がいるとします。もしかするとこの選手は相手が移動するコースを未然に防いでいたり、シュートされそうなコースをふさぐ動きをしていたりしている可能性があります。コーチはこういった部分にまで目を向けて選手を評価できると、バスケットボールの本質に迫る形で選手の育成を進めることができるのです。

4

シュートの分析

シュートの分析について、少し詳しく考えていきたいと思います。

シュートは、試投数と成功数などを押さえておくのが最低限だと述べましたが、これはもちろん3ポイントショットやフリースローもそれぞれに記録をしなければなりません。また、試投数と成功数だけでなく、シュートチャートをつけることも重要です。シュートチャートとは、相手のチームや自分のチームの各選手がどこからシュートを打って、それが入ったのか外れたのかを記録するものです。

シュートチャートをつけておくと、試合中の相手の対策になり、自チームのものもとっておくことで、どういった距離からのシュートが苦手か、どういったシュート練習に取り組んでいくべきかの材料になります。また、考慮すべき点としてシュートチャートはシュートを打った「場所」に○×をつけることになるので、普通につけているとそのシュートを打った「場面」がわからないことになります。そのゴール下のシュートは1on1のドライブインで決めたものなのか、インサイドの1on1なのか、速攻のレイアップなのか、

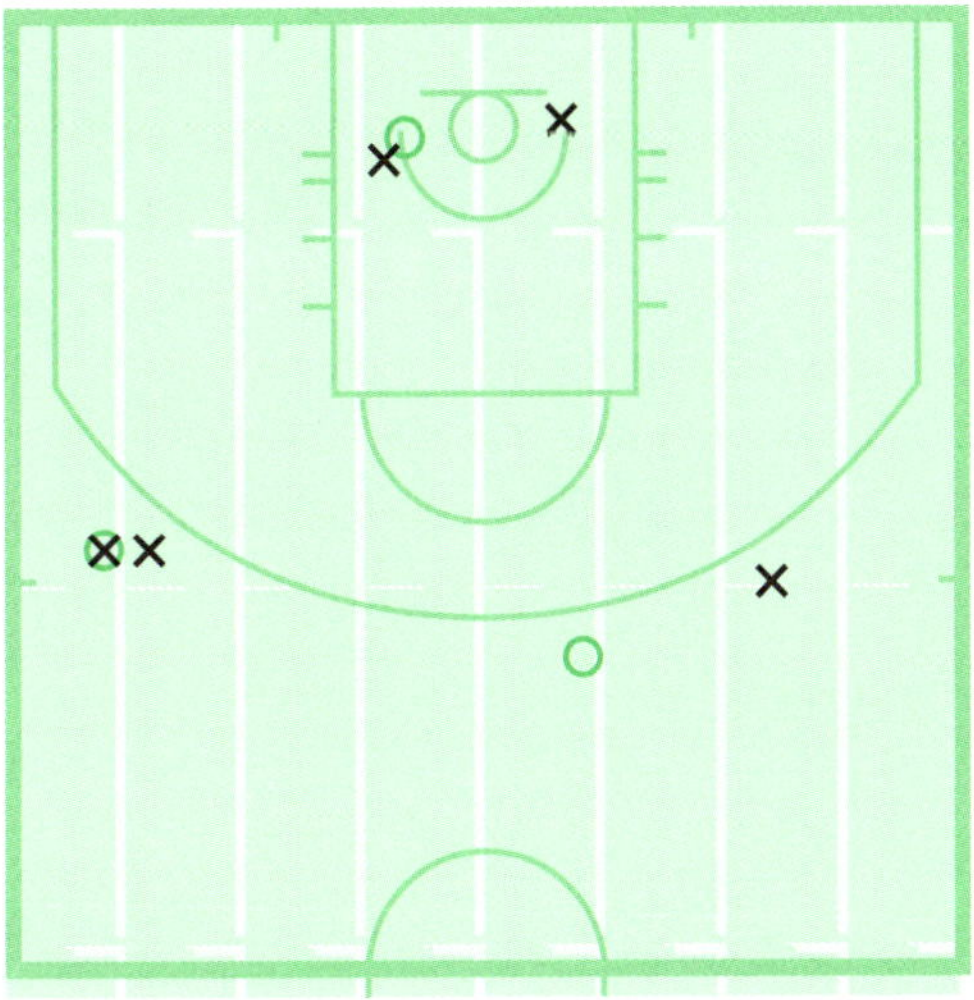

シュートチャートの例

どのエリアからシュートを放ち、そのシュートが決まったかどうかを分析します。決まれば「○」、外せば「×」をつけるのが一般的です。

オフェンスリバウンドからのシュートなのか、スクリーンプレー（オフェンスが壁となり、ディフェンスを邪魔する連係プレー）が成功したのか。

このように、同じ場所に○があったとしても、それがどのような場面での○かがわからないと、対策を具体的に練ることができません。また、自チームの分析をするうえでも、×を○にするための練習を考える際に、その×がどんな場面での×なのかわからなければ、練習内容を決めることはできないのです。そのため、シュートの分析を徹底するのであれば、シュートを打った人、場所、場面、成否まで情報を集めることが重要です。

そのうえで、戦術や戦略を練り、練習分析でどんな練習をしていくのかを定めていくのです。

5 リバウンドの分析

自分たちに有利なはずのディフェンスリバウンドを何度も取られるようなら、なんとかして改善しなければならないでしょう。まず、相手にオフェンスリバウンドを取られた場面はどんなシチュエーションだったのかを以下の3通りに分類します。

①ボックスアウト（シュートが放たれたとき、リバウンドに備えてディフェンスがオフェンスをリングから遠ざけること）できていない（ボールウォッチ）

②ソフトコンタクト

③ハードコンタクト

③はしっかりとボックスアウトをしている状態です。しかしボールが弾んだ方向や距離が悪く、たまたま相手のところへ飛んだということになります。いわゆるアンラッキーですから仕方ない部分です。こういうことが続くことは考えられませんし、運を練習でどうすることもできません。

②はボックスアウトしているつもりでも相手とのコンタクトが弱いためにリバウンドに

入られてしまっている状態です。これはしっかりと強いボックスアウトを練習して改善しなければならないでしょう。

一番問題があるのが①です。ボールに目を奪われてしまい、自分のマークマンを見失ってしまっている、いわゆるボールウォッチの状態です。ボックスアウトをするためには飛んだボールよりもマークマンをつかまえることが先決です。ボールウォッチをする選手を指導するのが難しいのは、本人に自覚症状がないというケースです。リバウンドの場面は瞬間的な対応の状況なので、「やっているつもり」になりやすいのです。そこで実際に本人に映像を見せるのが効果的です。コンタクトしていないために入られてしまっているということを目の前で見せるのです。映像を見ながらどのタイミングでコンタクトをするのか、ということを説明していく必要があるでしょう。

また、オフェンスリバウンドを評価するうえでも、単に数字を追いかけてはいけません。例えば、同じ10回のオフェンスリバウンドでも、自分たちのシュートが50パーセントの確率で入っていて、30本シュートが外れている中での10回のオフェンスリバウンドと、20パーセントしかシュートが決まらず、50本近くシュートが外れている中での10回のオフェンスリバウンドでは、意味がまったく違ってくるのです。このように、分析は単に数字を追うのではなく、その数字の本質をとらえる必要があるのです。

6 ターンオーバーの分析

ターンオーバーとは、攻撃権が相手に移るということです。こちらがシュートを打つことなく、相手ボールになってしまうようなプレーのことを指します。

相手にスティールをされてしまうのはもちろんのこと、ラインを踏んでしまったアウトオブバウンズや3秒、5秒、24秒といった時間のバイオレーション（違反）、ダブルドリブルやトラベリングといった技術的なミスもあります。

ターンオーバーといってもその内容は多様で、ターンオーバーを分析するときは、どういうシチュエーションで起きているかということまで考えることが重要です。

ドリブルをしているときに奪われたのならドリブルスキルを高めなければなりません。ドリブルからパスへ移ろうとしたときにファンブルをしたのならハンドリング技術が不足しています。パスをカットされたのなら、それはパスを出すタイミングが悪いのか、コースが悪いのか、単純に弱すぎたのか。こういったことまで分析しなければ練習に反映させることはできません。

ターンオーバーを減らすことは、勝敗を左右します。ターンオーバーの数は、ファンダメンタルの成果です。ファンダメンタルの質が高いチームはターンオーバーが少なくなります。

ファンダメンタルを徹底していればターンオーバーはおのずと減っていきます。逆に、ターンオーバーが減っていないのであれば、技術練習の内容を見直す必要があるということです。

また、ターンオーバーは相手のレベルによって変わるスタッツです。ディフェンスの強度が弱いチーム相手であればターンオーバーは少なくなるかもしれませんし、逆にディフェンスの強度が強いチーム相手であればターンオーバーは増えてしまうかもしれません。

ディフェンスの強度が高い相手に対してでもターンオーバーが増えないようにすることが、戦術、戦略面でも重要ですし、練習の質を評価するうえでも重要になるのです。

CHAPTER 3

環境整備

ヨーロッパから学ぶ育成環境

1

チームメンバーについての環境①

メンバーが多いチームの注意点

ヨーロッパでは1チームは12人程度までとしています。全員に試合経験を積ませることがもっとも重要な理由ですが、試合を経験できるということは単に経験値が多くなるというだけでなく、モチベーションの面でも重要な意味を持ちます。一生懸命に練習しても試合に出られないとなると、選手のモチベーションを保つことが難しいのです。やる気が下がれば、練習にも力が入らなくなるでしょう。その選手が手を抜けば他の選手の練習効率まで下がります。試合に出られない選手がいることは、チーム全体の損失を招きかねないのです。

心理学的な研究では、1人の指導者が十分な指導を行える最大人数は12人だと言われています。そこから漏れた選手はほとんど声もかけてもらえず、チームの中で自分の存在価値を感じられなくなります。選手個々の役割を考えたときにも12人というのは理想的です。5つのポジションに交代を含めて2人ずつ。残りの2人がムードメーカーやマルチプレーヤー、もしくは大事なポジションを3人にするといった分担ができるのです。

コーチはチームを預かっているからには、選手たちの責任感を育むことが重要な役割です。そのためには試合に出て、自分の責任を果たさなければならないという自覚を持たせることが一番です。選手が成長するための練習の機会を与え、練習してきたことを披露する機会を与えることで、選手たちに責任を全うすることを体験させることができるのです。大所帯のチームで、全員に責任を全うすることを体験させることは難しいのです。

強いチームになれば、自分も高いレベルでプレーしたいと選手が集まります。たくさん集まれば、指導者はより良い選手に出会える可能性が高まると喜んでばかりはいられません。それだけ、責任が重たくなっているということなのです。育てることができないならば最初から選手をとらないというのも手段の一つですが、学校経営などの力学も絡んでくるため、難しい状況にあるチームがほとんどです。そのため、一つのクラブ、一つの学校で複数チームを持つようなマネジメントが今後求められていくと思います。人数が増えたなら、それに見合ったスタッフを確保することを考えたほうが良いと考えています。

2

チームメンバーについての環境②

メンバーが少ないチームがメンバーを集める工夫

人数が多いのとは逆に、少子化や子どもたちのスポーツ離れが加速していて、部員不足に悩むチームもあります。ミニバスは1試合に10人出場しなければならないルールになっているために、部員の確保が難しくなっているのも現実です。かといってミニバスで小学1年生から6年生までの混成チームで10人集めても体力的、技術的に差がありすぎます。一昔前までは子どもたちの人口も多く、スポーツをする子どもも大勢いました。地域にチームがあれば、待っていても子どもたちが集まってきたのですが、最近は対策が必要な時期に来ています。

いま、スポーツ活動はさまざまな習い事と競合します。メンバーを集めるためには、他の習い事と比べてもバスケットボールが魅力的だと思ってもらわなければなりません。コーチには教える面＝指導力と平行して、自分のチームの魅力を伝えるプロモーション力も必要になってくるのです。

子どもたちはもちろんですが、父母へのアピールも大切な要素です。父母が我が子にバスケットボールをやらせたいと思うのは「友だちをたくさん作ってほしい」とか「スポーツで体を動かして、元気に育ってほしい」とか「得意なものを見つけて自信をつけてほしい」というなんらかのメリットがあるからです。もちろん、「我が子の活躍する姿が見たい」というような欲求を持つ父母もたくさんいると思います。選手をチームに入れるかどうかの最終決定は保護者がします。学習塾に行くよりも、家でゲームをさせておくよりも、「あのチームに子どもを預けたい」、「バスケットボールをやらせたい」、と思ってもらえるようなチームの運営をしていかなければならないのです。

すでにある保護者の欲求に応えるマーケティング、いまはまだ保護者もわかっていないスポーツの価値を創造するイノベーション、こういったビジネス的な目線がチーム運営に求められているのかもしれません。

バスケットボールというスポーツは魅力的なスポーツです。その魅力を地域の子どもたちに伝えていくこと。楽しさを伝えること。成長や教育への価値を伝えること。「バスケットボールの伝道師」とも言える仕事を、指導者である我々が担っていかなければならないのです。

3

チームメンバーについての環境③

高いレベルの選手同士が日々競い合える環境

ヨーロッパでコーチの勉強をしていたとき、選手が12人いるU15のチームのうち7人の選手がダンクシュートを決めていました。日本ではチームに1人いるだけでも奇跡に近いような環境です。日本でダンクができる選手はチーム内に競り合える選手はいないことがほとんどです。しかし、海外ではそういった選手が常に同じレベルの選手と競い合える環境が整っています。

環境が変われば行動が変わります。目の前にかわさなければならない相手がいる環境だから、相手をかわす技術やかけひきを身につけようとします。目の前に何も障害がなければ、技術や能力を磨く必要がないので、行動を変えることは難しいのです。

ヨーロッパの高いレベルの選手は、同レベルの選手同士で競い合える環境で、日々の練習をしています。日本では突出した能力のある選手が競い合える相手がチーム内にいないことがほとんどです。そういった高いレベルの選手に対して、コーチがさらに試練を与えるようなアイデアがないとその選手をさらに良い選手に育てることは難しいのです。

また、ヨーロッパのクラブシステムでは、優秀な選手は飛び級のような仕組みで自分よりも上の学年のチームに所属することが可能です。14歳でもU－14ではなく、U－16のチームに所属して、上のカテゴリーの試合に出場することができます。このようなシステムが存在することで常に安心できない、満足できない環境を作り出しています。

能力の高い選手にはそれに見合った競争の環境を用意する。そうすることで、能力の高い選手がさらに自分を磨き続けることができます。それと同時に、そこまでの能力を持っていない選手たちも、自分たちの可能性を広げる機会を増やすことができます。特に、育成年代では晩成型の選手たちは早熟型の選手たちに圧倒されやすいのですが、こういった年代を超えて自分に合った競技環境を選べる仕組みがあることで、さまざまな成長段階の選手に対応できるようになるのです。

4

練習についての環境①

ヨーロッパのクラブシステム

ヨーロッパのクラブシステムはチームマネジメントピラミッドが積み上げやすいシステムになっています。無駄がなく、生産性が高く、選手にとってもコーチにとってもとても活動しやすいのです。日本はミニバスや部活動が中心のシステムですが、工夫しながらヨーロッパのクラブシステムの良いところを取り入れていくと良いと思います。

ヨーロッパでは地域のクラブでプレーしていても、優秀な選手はどんどんレベルの高いクラブへ吸い上げられていきます。そういうチームには優秀なコーチたちがいて、レベルに合った指導を受けられます。またレベルの高いクラブシステムのチームなら、チームごとにトレーナーやドクターがいて、成長期から適切なケアを受けられます。では、バスケットボールが特別な人たちだけのスポーツかというと、そんなことはありません。レベルの高くない選手も、そのレベルに合ったチームでプレーできます。レベルの高い選手は、同じレベルの選手の中で能力を磨いていけるので、さらに高いレベルへ登っていけますし、一方で、能力が足りない選手でもドロップアウトすることはありません。だれでもプレーできる環境が整っているのです。

日本の育成年代の環境はさまざまなレベルの選手たちが混在している状況です。もちろんその中で学べることも、経験できることもあるとは思います。しかし、能力の高い選手が低い選手を相手に練習をしていればそれ以上頑張る必要がありませんから、慢心や傲慢に陥りやすく、毎日競い合える環境にいる選手たちよりも日々の成長率は下がってしまう可能性が高いです。逆に一度ドロップアウトするともう一度バスケットボールに戻ることは難しい環境でもあります。

ヨーロッパのクラブシステムのほうが、競技人口のすそ野が広がり、さらに頂上も高くなりやすい環境だと言えます。多くの選手が可能性を広げつつ、活躍の場を与えられるのです。ただし日本には部活動という非常に恵まれたシステムがありますから、この部活動システムを生かしつつ、ヨーロッパ型のクラブチームのシステムを取り入れていくことが重要です。そうすることで、選手たちの成長の環境を整えていけると思いますし、多くの子どもたちがバスケットボールというスポーツを愛好できる環境に近づいていくと思います。

5

練習についての環境②

一貫指導の意義

日本はミニバス、中学、高校と、進学していくたびにチームもコーチも代わります。

一方のヨーロッパのクラブシステムでは年齢ごとにそれぞれチームがあって、12歳から18歳までクラブチームで一貫して指導をしています。この違いによる選手育成の差を考えてみましょう。

ヨーロッパのあるクラブでは、各年代のコーチの他に育成の責任者であるディレクターがいて、クラブチーム内の全チームの練習メニューを1週間ごとに決めます。このディレクターは12歳で何をやったか、何をやっていないかを管理していますから、それに沿って13歳のメニューを決めます。つまり7年間を見通して育成していけるのです。

また一つ上の世代のコーチが下の世代のアシスタントコーチに就いています。このため次の年にチームを引き渡すときにスムーズにいきます。

一方で日本ではミニバスでどんなことをやってきたかわからないまま中学校のコーチが引き継ぎます。しかも地域内にある複数のチームから集まってきますから何を練習してきたかはバラバラです。中学から高校へ進むときにはもっと混沌とします。やってきたことも、能力もバラバラの選手が集まるため、できない選手がいればそこまで戻って指導しなければなりません。できる選手にとっては重複することもあり、時間の無駄になります。逆にできていないのにその上のレベルのことをやってついてこられなくなるということもあります。ヨーロッパのコーチに言わせると「何をやってきたのかわからないのにどうやって練習メニューを組み立てるのか」ということになるのです。一貫指導というメリットの多いシステムを取り入れる方法を考えていかなければなりません。

逆に言えば一貫指導ができる環境を作れても、育成カリキュラムの作成で成功しなければ、一貫指導のメリットが生かせないということになります。環境というハード面とカリキュラムというソフト面、コーチングスタッフなど人材面などなど、さまざまな面でチームマネジメントピラミッドを積み上げていかなければ、一貫指導は成功しないのです。

6
練習についての環境③
個人練習の重要性

日本では、一つのチームに1人の指導者しかいない環境が多く、どのポジションの選手も同じ練習、同じ技術を練習する環境がほとんどです。これはもちろん、選手育成を考えればあらゆるポジションの選手があらゆることを習得する必要があるため、なんら問題はありません。

しかし、私が研修に行ったヨーロッパのクラブチームでは、こういったチームで行う全選手共通の練習の他に、ビッグマンだけの特別練習やシューター育成のための個別練習を取り入れていました。バスケットボールは狭いスペースで正確なスキルを発揮しなければならないスポーツです。ポジションごとに必要な細かいスキルはチーム練習ではあいまいになりがちです。そういうときに、個人練習が大きな役割を果たします。

アメリカではチームでバスケットボールを練習しても良い時期が定められており、オフシーズンが存在します。その時期はチームのコーチがバスケットボールを教えてはいけないということになっているので、他のスポーツを経験することになるのが一般的でしたが、近年ではそういった時期にスキルコーチのところに行ってスキルワークアウトをするという文化になってきているようです。アメリカではシーズン中はチームでバスケットボールを学び、オフシーズンに個人スキルのレベルアップをするという流れができています。

ヨーロッパのように、クラブチームの中でチーム練習以外に個人練習ができる環境を作る。もしくはアメリカのように、チーム練習をしないで個人練習をする時期を作る。いずれにせよ、個人のスキルアップ、レベルアップを促進できる環境を作っていくことが日本バスケットボールのレベルアップにとって重要な意味を持つと思います。

いま、日本でもプロ選手たちがオフシーズンにスキルワークアウトを行っています。こういった姿勢が育成年代にも今後浸透していくと思います。志ある選手たちが、チーム練習以外に個人のレベルアップを目指せる環境を充実させていくことが重要です。

7

試合・大会についての環境①

複数チームで登録できる環境づくり

バスケットボールは一度に試合に出場できるのは5人だけです。交代要員を含めても10人ほどで十分です。それ以上いても出場する機会のないベンチウォーマーでしかありません。練習はしていても試合には出られないため、レギュラー組との差は広がるばかり。それでもモチベーションを保てというのは酷というものです。何より部員が多すぎればコーチの指導は行き届きません。

このため、ヨーロッパでは1チームの人数はおよそ12人としています。それ以上になれば2チームに分けてしまいます。だからほとんど全員が3年間継続して試合に出られます。しかし、日本の部活動ではチームによっては1チームで20人、30人と所属しているような状況があったり、他学年混在型のチームがほとんどです。上級生はシューティングをするけれど、下級生はボール拾いとパス出しだけということもよくある環境だと思います。3年間、10人程度しかいないチームで試合に出続ける環境と、3年目にようやく試合を経験できる環境で、どちらがバスケットボールを好きになるでしょうか？　どちらが選手として成長できるでしょうか？

もちろん、試合に出られないという環境の中で努力を重ね、出番を勝ち取るというサバイバルは人数が多いほど過酷になります。ただし、その力学は多くの敗者を生み出す前提の仕組みです。育成年代の環境において、それがベストな環境なのでしょうか。

結果的に日本では早熟な子ほど重宝され、晩成型の子どもはより試合経験を積みにくくなります。バスケットボールは、練習はもちろんですが試合経験が大きくものをいうスポーツですから、この差は決定的です。日本の一般的な選手のケースでは、10年間バスケットボールをプレーしたとしても、小学6年生、中学3年生、高校3年生の3年間しか試合を経験しないケースもあるのです。

日本の部活動をいきなりヨーロッパのように改革するのは難しいでしょう。しかし人数が多くてもチームをAチーム、Bチームというように分けて、それぞれのチームが実力に見合ったチームと試合ができるようにすることはすでに多くのチームも取り組み始めています。そうすることで、チーム全体の底上げにもつながりますから、運営の大変さがあったとしても取り組む価値があります。選手たちにとって魅力的で価値ある環境を作っていかなければならないのです。

8

試合・大会についての環境②

大会のシステムが選手育成に与える影響

大会の方式は選手の成長に影響を与えます。日本ではほとんどがトーナメント方式で大会が行われます。一方でヨーロッパではリーグ戦がメインです。これもヨーロッパのほうが選手の育成を重視していると感じる環境の違いです。

リーグ戦とトーナメント戦の一番の違いは、負けたチームがさらに試合をする機会があるかどうかです。まず、大会のタイミングでケガをしていた場合から考えてみましょう。トーナメント戦ではチームが負けたら終わりです。強行出場して勝ったとしてもケガは悪化するかもしれません。しかし出ずに負ければ後悔ばかりが残ります。どちらにしても、マイナスしかない選択を迫られます。これがリーグ戦なら1試合を休養に充て、次の試合で巻き返すことができます。

次に試合経験の差です。トーナメント戦は勝ったチームほど試合経験を積むことができ、負けて1試合しか経験を積めなかったチームは次の試合や大会も経験が浅いまま迎えるのです。しかも、強いチームは経験を積むことで、さらにアドバンテージを伸ばして次の試合を戦います。一方でリーグ戦ならどんなチームも同じだけ経験ができます。

チーム内で試合経験の差が出やすいのもトーナメント戦です。トーナメントではコーチの采配や選手起用も「負けないように」という安全策を取りがちです。失敗するかもしれないけれど、ここで使うと面白いかもしれない、という選手を使いづらいのです。このためメンバーは固定しやすく、控え選手が経験を積むチャンスを得るのが難しいのです。

選手だけでなく、コーチの経験や成長にも影響を与えます。若いコーチは早い段階で負けてしまうと、反省して次に生かしたいと思うことがあったとしてもその機会は次の大会までありません。老練なコーチにしても安全で確実な方法を取りやすくなりますから、何か新しいことにチャレンジしようとは思いません。これでは指導の水準は停滞しやすくなるのです。

とはいえ、リーグ戦のほうが試合数が多くなり、マネジメントが大変になるのも事実です。それでもプレイヤーズファーストの精神で選手の成長を考えれば、どちらの環境がより望ましいかは明白であると思います。

9

試合・大会についての環境③

ルールが選手育成に与える影響

ルールも選手の成長に影響を与えます。日本でも、ミニバスができるだけ多くの選手に出場機会を与えるために、1試合で10人出場しなければならないというルールを採用しています。ヨーロッパでも独自のルールを定めていることがあります。私が選手のためになると感じた、育成年代で採用されている独自ルールを紹介します。例えば得点の表示をピリオドごとにリセットするというルールがあります。第1ピリオドはもちろん0対0から始まります。そして終了時15対10だったとします。すると第2ピリオドでまた0対0から始めるのです。その先も同じようにピリオドが終わるたびに0対0からスタートします。

このルールはどんな影響があるでしょうか。バスケットボールはレベルが上がるほど、最後の数分間の戦い方が重要になる競技です。このため数点差の接戦をどう戦うかを経験することはとても重要です。つまりこのルールは常に残り数分の接戦を演出しているのです。先ほどの試合で言えば、そのままのペースで進めば、第4Qまでに20点差が開くことになります。これでは勝っているチームも、負けているチームもほぼ試合結果は見えています。ピリオドごとにリセットすれば最後まで緊張感を持って試合ができるのです。

ルール設定で重要なことは、ルールに縛られるのではなく、子どもたちをどんな選手に育てたいかという理念に基づいてルールを採用することです。先ほど紹介したルールは最後の数分間で競り勝てる選手に育てたいという考えをルールに反映させているのです。それ以外にも、10点差がついたらオールコートのプレスディフェンスを禁止するというルールや、ペイントエリアの外側は3ポイントというルールもありました。これらはすべて、「拮抗したゲームで成長を促す」という理念や、「スペーシングやかけひきを指導しやすくする」という目的があって設定されているのだと思います。

育成年代というのは選手の成長を第一に考えなければならない年代です。そのためにも、ルールは柔軟に変更していく必要があります。ルールは力学です。選手の行動や指導者の判断に影響を与えます。いま、日本で欠けているもの、育成年代に足りない部分を磨きやすいようにルールを変える、ルールで影響力を加える、そういった目線が重要になるのです。

CHAPTER 4

成長戦略

長期的な選手の育成プランを練る

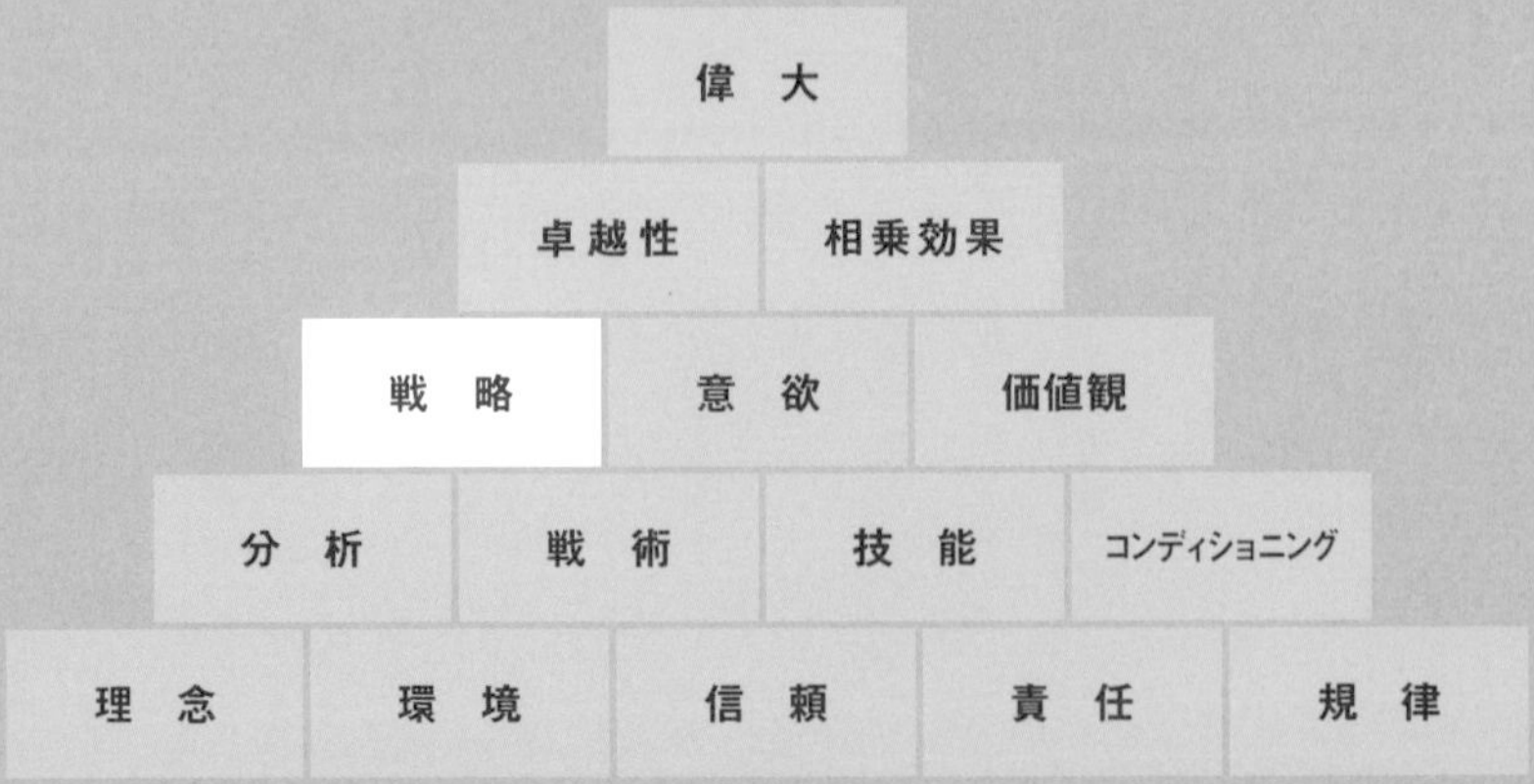

1 競技人生全体の成長戦略

スポーツ選手が現役として活躍できる時間には限りがあります。だからといってミニバスなら小学6年生まで、中学生なら3年生までの結果を追いかけて、あまり近い将来ばかりを考えるのはその選手の将来に対して無責任な姿勢ともいえます。近い将来、つまり目の前の大会に向けてベストを尽くすことと、遠い将来、すなわち競技人生全体を考えた成長戦略を描くこと、この両面をＡＮＤの才能（第三巻94ページ。相反する二面性を同時に手にする能力）でとらえていく必要があるのです。

プロ選手になったとしても、選手生活を続けられるのは長くて30代まででしょう。もちろんそこまでプレーできるのはほんの一握りの選手です。高校生までなら18歳まで、大学生までなら22歳までで、ほとんどの選手がそこで競技バスケットボールからは引退します。ということは、選手の成長戦略としては、18歳から22歳のときにどんな選手になっているのかをゴールにして、今何をすべきかを考えることになります。もし、育成年代でいま勝つことに集中しすぎて、将来のその選手の成長や活躍を犠牲にしてしまうような指導を行

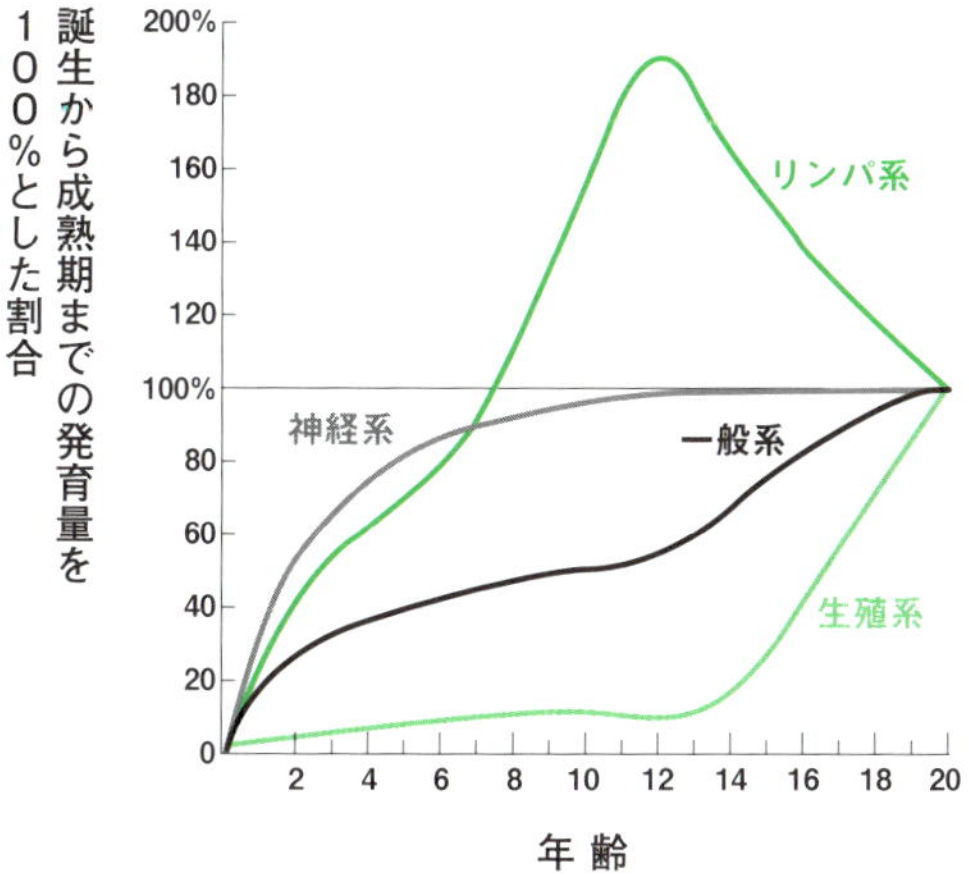

スキャモンの成長曲線

第一巻85ページでも紹介しましたが、左の図は「スキャモンの成長曲線」と呼ばれる、人間が生まれてから大人になるまでの発育量を示したものです。成長のタイミングには意味があり、それぞれのタイミングに合わせて適切な負荷をかけていく必要があるのです。

えば、バスケットボール界全体にとってマイナスですし、なによりその選手の人生に影響を与える1人の指導者としてプロフェッショナルの倫理に反します。私たち指導者は、選手たちの未来に触れているのです。

育成年代のコーチは、チームが勝つことと同じくらいの力を注いで、選手が中・長期的に成長していくようなイメージと展望を持たなければなりません。

基本的に、人間の成長には順序があります。「脳」→「内臓」→「筋肉」の順番に成長期を迎えます。成長期には多少の個人差がありますが、この順番は変わりません。国際的に競技力が高い国では、LTAD（Long Term Athlete Development 長期競技者育成モデル）を定めて、どの時期にどんなことを重視してコーチングするべきかを明示しています。限られた競技人生で最高のパフォーマンスを発揮するためには、適切な時期に適切なトレーニングを行っていく必要があるのです。

2

人間の成長①
最初に来るのは脳の発達

人間の体で最初に成長のピークが来るのは脳です。赤ちゃんが体に対して頭だけ大きいのはこのためです。12歳になる頃には大人の9割程度まで成長するといわれています。

脳が運動をコントロールしています。脳が発達する時期に、どれだけ運動の多様性を広げられるか、これが将来のスポーツ選手としての可能性を左右します。人間の体には208個の骨があり、それらに筋肉がついていて骨と骨を近づけたり伸ばしたりすることで運動が行われています。脳からの信号がどのように手足に通るのかは、山から海へ水が流れる道に例えるとイメージしやすいかもしれません。

良く水が通る道はどんどん水が通りやすくなって、川になります。これは、繰り返し反復することによってその運動が出やすくなるという側面です。太く大きくなった川からは、その流れに水は流れやすくなっているのでなかなか新しい流れは生まれません。運動の多様性よりも、出力の強化や再現性が重要なクローズドスキルのスポーツは、こういった反復による運動の再現性の強化が成果につながりやすいです。

しかし、オープンスキルのスポーツは、さまざまな状況に対応できる技術を身につける必要があるため、川も一箇所に大きく流れて来るものではなく、たくさんの回路を作っておいたほうが良いのです。そのためには、最初の段階で一つの回路を太く強くしてしまうのではなく、あちこちに違った回路が生まれるような刺激をたくさん入れていくことが重要なのです。そして、流れがいろいろなところで枝分かれしていくことで、一つひとつの流れは弱いものの、多様性のある回路が形作られていきます。

そのうえで、流れるものの量を増やしていくようにトレーニングすることで、多様性がありながらも出力も大きいという回路が作り上げられるのです。脳が発達しやすい年代（身長の伸びのピークが来る前、おおむね男子では14歳まで、女子では12歳まで）に、多様な運動経験をさせることは運動回路の枝葉を広げることにつながります。

高校生や大学生になってから多様性を広げようとしても、大掛かりな工事が必要になってしまうので、時間もかかるうえ難しさもでてきます。適切な時期に、適切なトレーニングをしたほうが良い理由は、限られた時間の中で成長を最大化するというコンセプトからきています。後からでも伸びないわけではありませんが、少ない時間で多くの成長を目指すためにも、適切な時期に適切なトレーニングができるように成長戦略を整備しましょう。

3

人間の成長②
次に心肺機能の発達

脳の発達のピークが過ぎたあたりで、今度は内臓が発達のピークを迎えます。内臓の中でもスポーツの現場で特に大きな役割を果たすのが心臓と肺です。運動をするためには酸素が必要です。筋肉に酸素が運ばれ、酸素を使ってエネルギーは生みだされます。筋肉へ酸素を運ぶ役割を果たすのが、血液です。血液を全身に送っているのが心臓です。血液に酸素を取り込むところが肺です。つまり、たくさんの酸素を全身に送らなければならないときに、肺が小さければたくさんの酸素を取り込むことはできないし、心臓が小さければたくさん拍動しなければならないわけです。

心肺機能は試合中のスタミナや、練習でどこまで追い込めるかを左右するため、とても大切な要素です。基本的に、人間の心拍数は1分間で最大220回が最大心拍数だと言われています。たくさんの酸素を全身に送るために、心拍数がすぐに上がるということは、すぐに限界に近づいてしまうということです。心臓や肺が大きければ、少ない呼吸、少ない心拍数で同じ量の酸素を全身に送れるようになります。だからこそ、内臓の大きさ、特に心臓と肺の大きさはスポーツ選手にとって非常に重要になるのです。

また、肋骨の容量以上に肺が大きくなることはありません。骨が成長する時期を過ぎると内臓の大きさはあまり成長しないと言われています。男子なら個人差はありますが一般的に13～15歳、女子なら11～13歳が心肺機能の成長のピークです。この時期を逃さないように、心肺機能に負荷がかかるようなトレーニングをするようにします。

では、早くから心肺機能に負荷をかけるようなトレーニングをたくさんしておけば良いという考え方もありますが、そこには時間配分の優先順位がでてきます。例えば小学生の低学年のうちから2時間の練習のうち1時間走る練習に費やすのではバランスが悪いと思います。低学年ならスタミナをつけるよりも脳を刺激するようなコーディネーショントレーニングやさまざまな動きを経験させたほうが将来の可能性を広げるでしょう。

また筋肉は速筋という瞬発系の筋肉と、遅筋という持久性の筋肉に分けられます。成長やトレーニングによって速筋が遅筋に変化することはありますが、遅筋から速筋になることはありません。つまり長時間、一定のスピードで走るような持久的なトレーニングは筋線維を持久的な運動に適したものへと変化させてしまう可能性があるのです。30秒や1分間といった時間で激しく動くようなスキルトレーニングを用いて心肺機能を鍛えるのがおすすめです。

4

身長の伸びの基本情報

バスケットボールは ゴールの高さが決まっているため、身長が高いほうが有利なスポーツです。身長はおおむね遺伝だと言われていますが、その伸びを最大限まで引き上げる工夫はできます。身長の伸びの基本情報を知っておくことは意義があるでしょう。

身長を決めるのはもちろん骨の長さです。骨が成長するとき、両端から引っ張るように全体が伸びていくのではなく、骨の端にある骨端線という部分の軟骨が成長し、その軟骨が次々に骨になっていきます。この骨端線の成長を促進していくことで、最終身長も大きくなります。骨端線を構成する主成分はカルシウムよりもタンパク質です。そのため、カルシウムだけとっていても背は伸びません。どんなことをすれば、骨端線の成長を促すことができるのか、ポイントは3つです。

一つ目は睡眠です。日本人は欧米人と比べると全体的に睡眠時間が短いというデータがあります。大人が夜更かし傾向にあるため、自然に子どもも夜型になりがちです。

二つ目には早熟を防ぐことです。日本人の特徴として、古くから早熟は良いこととされてきました。この影響か、欧米諸国よりも性的な成熟が1～1・5歳くらい早いと言われています。成長のピークが終わってからの残りの伸びしろは性差、人種差があまりないと言われていて、つまりは成長のピークが遅くに来ればくるほど、背が伸び続ける時期が長く、最終的に背が大きくなりやすいということになります。早く成長期が訪れればそれだけ早く成長が止まるということです。早熟化は過度なストレスが主な原因のようです。詳しくは後ほどご紹介します。

三つ目は食事です。詳しくは78ページでお話しします。

これら3つのポイントを押さえた生活を送ることで、背が伸びやすくなると言われています。統計学的な予測身長というものがあり、父親の身長+母親の身長を2で割って、男の子だとプラス約6センチ、女の子だとマイナス約6センチすると算出できます。ただ、この予測身長よりも10センチ以上身長が大きくなる人もいるので、遺伝だけでは身長は決まらないのです。この予測身長を大きく上回るような人たちは、前述した3つのポイントで望ましい生活を送っているケースが多いので、これから詳しく見ていきたいと思います。

5

身長を伸ばす生活習慣①

睡眠

人間は寝ているときに成長ホルモンの分泌が促進されます。成長期に寝不足を感じるほど夜更かしをすることは最終的な身長に影響する可能性があるのです。

日本人は欧米人に比べて睡眠時間が短いというデータがあります。大人が短いために、必然的に子どもも夜更かしになる傾向があります。成長期の理想の睡眠時間は9時間と言われていますが、日本人でこれをクリアしているのは3割程度と言われています。一方の欧米人は9割以上の子どもが9時間以上寝ている国もあるようですから、子どもたちの睡眠時間にはずいぶん開きがあります。まずは成長期には9時間程度の睡眠時間を確保することが目標です。

もう一つのポイントは睡眠の質です。成長ホルモンの分泌は午後10時から午前2時頃がピークだと言われています。この時間に十分な睡眠をとることが大事です。また、睡眠途中で目が覚めてしまうとホルモン分泌が一度中断されると言われています。すなわち、その分だけ成長ホルモンの分泌量が目減りしてしまうのです。一度寝たら、朝まで寝続けられるように、夜尿や大人の生活音で睡眠を妨げないようにするのが背を伸ばす睡眠のコツです。

目覚めの快適さを左右するのは、睡眠の周期です。眠っている間は、レム睡眠（浅い睡眠）とノンレム睡眠（深い睡眠）が一定周期で交互にやってきます。レム睡眠のときに目覚めるとすっきりと起きられます。周期には個人差はありますが、一般的に1時間30分と言われます。ということは9時間ならちょうどタイミング良く目覚めることができるため、この点でも理想的なのです。

学習塾などに通う選手では、帰宅するのが夜遅くなってしまうケースも出てくると思います。そういった場合でも睡眠時間をしっかりと確保するために、やるべきことを早め早めに片づけて、寝る前にいろいろなことをしなくてもいいようにしましょう。大事なことを優先できるようになることが重要です。

6

身長を伸ばす生活習慣②

食事と栄養

骨端線の主な材料はタンパク質です。タンパク質は骨や歯の材料となるだけでなく、内臓や筋肉の材料にもなるため、スポーツ選手としては欠かすことができない栄養素です。ネズミの実験で生後にタンパク質を投与したグループとタンパク質を投与しない比較対象グループとでは長軸方向の成長に有意差が出たという実験結果がありました。また日本人は戦後平均身長が大きくなっていますが、これはタンパク質の摂取量の増加とほぼ一致しているそうです。一般的には骨の成長にはカルシウムが大切と言われていますが、タンパク質をしっかり摂ることが大切なのです。

10歳〜18歳の理想的な1日の摂取量は「体重」×2（グラム）と言われます。ということは体重が50キロなら100グラムということになります。焼肉1人前100グラムから摂れるタンパク質はおよそ20グラムです。ということは1日に5人前の焼肉を食べればクリアできます。

ただしこれは、あまり現実的ではありません。肉だけで1日の必要量をカバーしようとすると内容的にも家計的にも非常に大変です。

タンパク質を含む主な食品は、肉、魚、卵、豆、乳製品です。これらをバランスよく摂取することで、自然と5人前のタンパク質を摂取できます。朝食を抜いて昼と夜だけでこれだけのタンパク質を摂取することは難しいので、しっかりと朝食から、納豆や目玉焼き、焼き魚など、タンパク質を摂れるようにしておくと良いでしょう。成長期には特に、朝食で菓子パンだけ、コーンフレークだけという炭水化物メインの料理だけで終わることがないように気をつけましょう。

また、ファストフードやインスタントラーメンのような食品をジャンクフードといいます。ジャンクとはつまりガラクタという意味です。ガラクタをたくさん集めても大きくて丈夫な車はできません。

タンパク質をしっかりと摂ると同時に、それ以外の栄養素もバランスよく摂り入れ、上質な材料で体を作っていくことが重要なのです。

7

身長を伸ばす生活習慣③
早熟化の問題

成長期が終わると身長の伸びは止まります。一般的に、成長のピークを迎える前は年間で5~6センチ背が伸びますが、ピークが来ると8~9センチと年間の伸びが大きくなります。このピークはおよそ2年間です。

このピークの2年間が終わってからは、性差、人種差がほとんどなく、年間で約4センチ、約2センチ、約1センチというペースで背の伸びが止まっていくそうです。つまり、ピークが来てからの伸びには個人差があまりないということなので、身長の差はピークが来るまでの時期と、そこまでの背の伸び率にあり、それが最終身長を左右するのです。

成長期を遅くする方法はわかっていませんが、早めてしまう原因はいくつか推測できています。その一つが過度なストレスです。子どもが受け止められる限度を超えた重圧が早熟にさせるのです。身体的なもの、精神的なものどちらも考えられます。偏った食品を過度に摂取する偏食や、過度なカロリー摂取も早熟を招く可能性があります。子どもの体では受け止められないような過度な負担が、早熟を招くと考えられているのです。

かつて成長期年代のスポーツチームを指導する場合に、子どもたちを肉体的、精神的に追い込むような過酷な練習をして成功を収めていたことがありました。ここには過度なストレスを与えることで子どもたちを早熟させ、大人っぽい体つきと身体能力で、のびのびとスポーツをしている子どもっぽい選手たちを圧倒するという構図があったのです。成長期のスポーツは、早熟の選手のほうが活躍します。早熟の選手が多いチームのほうが体格面で有利なので、勝利を収めやすいのです。

ここで、勝っているからといってこういった指導がいい指導だとしてしまうのは危険です。単に早熟だから成功したという選手は、高校、大学へと進学するとほとんど活躍できなくなってしまうケースがあります。成長期が遅れてやってきて、まだ小さかった頃にさまざまな工夫をし、技術を磨き、努力するメンタルを身につけた晩成型の選手たちにはかなわなくなってしまうのです。

かといって成長期だから伸び伸びと、自由にというのがベストだとも思えません。あくまでも過度なストレスがいけないのであって、やはりやるべきことはやるという責任感などを育むことは価値のあることだと思います。スポーツに取り組む真剣さも、選手それぞれに違いがあって当然です。大事なことはバランスです。

CHAPTER 4

8 筋力の向上

筋肉がつきやすくなるのは骨格の成長が止まってからです。逆に言うと成長が止まるまではトレーニングをしても筋量は増えにくいのです。筋・骨格系と表現されるくらい、筋と骨は密接な関係があります。

骨と骨を筋肉が引っ張ったり縮めたりすることで運動が行われます。もし、まだ成長中の柔らかい骨に強い筋肉がついてしまったら、骨へのダメージが大きくなりすぎます。そのため、人間の体は骨が硬くなったあとに筋量が増えやすくなっているのです。よく「筋トレをすると成長が止まる」と言われます。しかしより正確に言うなら「成長が止まったから筋肉が付いた」なのです。ただし成長期に過酷なトレーニングを行うことが肉体的な過度なストレスになって成長を止めてしまうことがあるのは事実です。1回しか上げられないような最大負荷のトレーニングは成長期にはおすすめできません。

では、育成年代ではどのようなトレーニングが良いのでしょうか？　人は筋肉が本来持っているパワーをマックスまで使い切ると体が壊れてしまうため、無意識のうちに出力をセーブしています。特別なトレーニングをしていなければ、持っているパワーの数パーセントしか使えないそうです。そこで、育成年代は持っている筋量を増やすのではなく、筋の出力効率をあげるトレーニングを重視するのが良いと思います。発揮できるパワーを5パーセントから10パーセントまで高めれば、単純に2倍です。これは将来的に筋トレで筋量を増やすときにも効果を発揮します。同じ筋量を得るとき、他の人の2倍の効率でトレーニング効果を得られるのです。

それには、筋をすばやく収縮させる運動や、力が逃げにくい体の使い方を覚えることなどが当てはまります。具体的な方法は専門的なトレーナーの領域ですから、ここでは紹介しきれませんが、多様な動きを素早く行うトレーニングもおすすめです。もちろん、自重を使った腕立て伏せや体幹トレーニングなどは適度に取り組むことに特に問題はありません。ただし、腹筋トレーニングなどはやり方を間違えると腰痛を助長することもあります。

ぜひ、専門的な知識を学び、子どもたちに適切なトレーニングを施せるようにしましょう。また、専門家をチームに呼べるような環境づくりも重要になると思います。

9 不平等な競争

これまで、バスケットボールを始めてからの成長を決めるさまざまな要因を説明してきました。しかし、そもそも選手一人ひとりのスタートラインは一緒ではありません。いろいろな不平等の上で競争しているということも理解しておくべきです。

運動能力は生まれてすぐに差が生じ始めます。赤ちゃんはハイハイをして、やがて立ってよちよち歩きを始めます。実はこのハイハイの期間の長短が人間の体幹の強さを決める一因であると考えられます。つまりハイハイする期間が長ければ長いほど体幹に刺激を送る期間も長いということですから、その回路は太く強くなるのです。また歩き始めてからも、散歩をするときにベビーカーに乗せてもらって母親に押してもらうのと、自分で歩くのとでは、脚への刺激の入り方が変わってきます。小さいうちからボールを投げる動作を経験しているかどうかでも差が出ます。

小学校は基本的に徒歩で通学すると思いますが、これが10分の子と60分の子では運動時間に大きな差が出ます。1日50分の差ですから、1カ月20日とすると1000分、1年で

1200 0分、6年間で72000 0分。実に1200時間も多くウォーキングをしていることになるのです。

このように、育った環境によって運動に対するスタートラインがバラバラです。成長するにつれてこの差はほとんど感じなくなりますが、子どもの時期ほど大きな差として感じるものです。育成年代を預かるコーチはこういった要素も踏まえたうえで自分の指導力を認識したほうが良いのです。良いチームを作れたとしても、もしかするとたまたま恵まれた環境で育った子どもたちを預かっているだけかもしれないのです。

逆に言えば、成長の時期が遅い選手を多く預かったとしてもそれを言い訳にせず、そこからいかに効果的に体の使い方を覚えさせるか、効果的に技術を学習させるか、そういった指導技能を駆使して目の前の選手たちの成長速度を上げていけるようなコーチングを身につけていくことが重要だと考えます。

CHAPTER 5

意欲

ピラミッドの中心となるもの

87

1 意欲は力学で捉える

マネジメントの第一人者であるP・F・ドラッカー氏は、「インダストリアルエンジニアリング」と「ヒューマンエンジニアリング」とに分けて、組織のマネジメントについて整理しました。インダストリアルエンジニアリングとは論理的な側面であり、ヒューマンエンジニアリングとは力学的な側面です。第1章（12ページ）でも紹介した通り、バスケットボールの練習も論理と力学の違いを整理し、理解しておくことで、練習の効率を高めるための基本的な考え方を身につけることができます。

論理的な側面の特徴は「分析」「管理」「統合」ができる点です。例えばシューティングを「管理」するということは、毎日決まった本数を行って、その成功数を記録するということです。ただこなすだけではなく、成功率を「分析」します。1カ月前まで10本中5本成功していたものが、現在は7本になったら成果は出ているということになります。しかし練習では成功率が高まっても、実際に試合での成功率につながっていないのなら何か工夫をしなければならないでしょう。そこでバラバラで行っていたシューティングとディフエンス練習を「統合」して、より実戦的なシューティングができるようにします。こういった要素が論理的な側面です。

一方で力学的な側面とは、選手の練習に対するモチベーションや、役割を与えることによる責任感の向上といった側面です。例えば毎日同じ練習を同じ順番で行っていれば、だれでも練習の順番を覚えます。無意識のうちに、次に苦しい練習がくるからいま少しセーブしておこうか、という気持ちになることがあります。同じ練習をしているのですから生産性は変わっていないはずです。しかしそれを実行する人間のやる気が落ちるだけで練習の効果は下がります。このためコーチは毎日の練習に工夫を凝らす必要があります。

同じドリルの組み立てでも、声のかけ方一つで選手のやる気が上がったり、下がったりします。それが、練習の生産性にも成果にも直接的に影響してくるのです。選手が意欲的に練習に取り組むという側面で成功しなければ、いくら最新の理論で最大限に工夫されたドリルの組み立てであったとしても、最高の練習にはならないのです。そして、力学的な側面というのは、お互いに影響を受け合うという側面です。意欲が下がっている選手の姿勢や態度が、他の選手のモチベーションに影響します。指導者はその力学もマネジメントしなければならないのです。

2 オートポイエーシス

オートポイエーシスという ちょっと聞き慣れない言葉があります。オートポイエーシスとは「自己生成」という意味です。学生は毎日学校で授業を受けているため、先生の授業から大きな影響を受けています。しかし当然のことですが、授業以外にもさまざまなところから影響を受けます。家庭環境やテレビや漫画……いくらでも挙げられます。学校で先生が何か生徒に影響を与えようと話をしたとします。ある生徒にとっては人生を変えるような影響になり、ある生徒にとっては苦痛を受ける話になるかもしれません。「頑張れよ!」という一言が、エネルギーになる子もいれば、追い込まれてしまう子もいるということです。同じ影響の力学だったとしても、受け手がそれ以外のさまざまな力学を受けているため、同じようには作用されないのです。

コーチはバスケットボールを通じて選手に大きな影響を与えようとします。価値観を大きく変えたり、選手の中の自分の存在を大きくしたりして、自分のカラーに染めようとする人もいます。しかし子どもがさまざまなことから影響を受けて、オートポイエーシスしていく存在だということを認識していれば、我々指導者の影響というのも選手たちにとっては影響の一部でしかないということに気づくはずです。

我々からの影響を選手たちが受け取って、自己生成して、彼ら自身を形成していくのです。

チーム内の影響の力学は、まさにオートポイエーシスの連続です。

毎年、同じように指導しているにもかかわらず、まったく違うチームになるのは、受け手である選手たちが違っているからです。受け手の受け取り方が違うため、同じ影響でも違った影響になります。その影響が選手同士の影響にも反映され、違った共鳴を生むのです。そのため、同じ指導をしても選手たちの反応がまったく違うものになることがあるのです。

選手たちのオートポイエーシスを完璧にコントロールすることは難しいです。しかし、意図的に影響していくことは可能です。チームの意欲が高まっていくために、どのような働きかけをすれば良いか。どうすればオートポイエーシスをプラスに働かせることができるか。ここがチームマネジメントの成否を分けるカギになります。

3

選手が生き生きと練習しているか

一方のチームはコーチと選手が目標を達成する意欲に満ち溢れています。選手はコーチが毎日決めるメニューが自らを高めてくれることを信じていて、コーチも選手が最大限の成果を挙げてくれると信じています。もう一方のチームは目標が定まらず、コーチも改善する方策を持ち合わせていません。このため選手の中にはバスケットボールに飽き飽きしてしている人もいます。どちらのチームが良い成果を挙げられるかは目に見えています。ここまで極端でなくても、選手が生き生きとエネルギッシュに練習しているチームのほうが良い成果を挙げることは明白です。

コーチはチームの練習を作っていきます。「作っていく」とはいうものの、決して機械的な作業ではなく、そこには、コーチと選手、選手と選手の人間同士の関係が介在し、それによって効果が上がったり下がったりするのです。

コーチはチームをどのように設計していくかのビジョンを持ち、選手たちがやらされているのではなく、自ら意欲的に練習に取り組むように影響を与えていかなければなりません。

単に楽しく取り組ませるだけでよければ、毎日試合形式の練習やドリブル鬼ごっこといった練習をするだけでもいいかもしれません。しかし、これでは効率よく、効果的にバスケットボールがうまくなることは期待できません。逆に練習の組み立ては完ぺきで、チームの理念も高く、ルールや罰則も厳しく管理できていたとしても、それだけでは選手の意欲を保つことはできません。

経営学者のドラッカー氏は「仕事にとって優れたインダストリアルエンジニアリングでも、人にとって最悪のヒューマンエンジニアリングになる」と言いました。どんなに論理的で頭脳明断であったとしても、一緒にチームを作る仲間や選手たちとの関係をうまく作れないのでは、指導者として不十分なのです。

最高のドリル（プラクティス）エンジニアリングと、最高のヒューマンエンジニアリングを達成することで、最高の練習になるのです。最高の練習を目指してベストを尽くしていかなければなりません。

4 練習の生理的な側面

人は単調な作業を続けることに向いていません。機械ならいつまでも同じクオリティーで作業ができますが、人間は同じことを続けていると集中力が切れますし、飽きてきます。その結果、作業の効率は下がり、ミスの頻度も上がってしまうでしょう。バスケットボールの練習を組み立てるときもこのことを踏まえる必要があります。同じメニューを30分間延々と続けるよりも、5分程度でできるものをテンポよく次々と行って6種類の練習をこなしたほうが効率は上がるのです。

例えば「キャッチ」という課題に対して、一つしか練習メニューを持っていなければ、それをやり続けるしか方法はありません。「キャッチ力を高める」という一つのテーマでもさまざまなアプローチで練習を組み立てられるのが良いコーチです。ここに「反復を意識させない反復練習」を落とし込めるかがコーチの腕の見せ所と言えるのです。

また日々の練習にも同じことが言えます。今日の練習と同じメニューを明日も行うとなると選手は飽きます。いや実際には、選手には飽きているという意識はないかもしれません。次の展開がわかっている映画を何回も観に行かないのと同じで、毎日同じ展開では注意をひき続けることは難しいのです。次がスタミナを消費する練習だと予測できてしまうと、無意識のうちにいま目の前の練習でセーブしようとするかもしれません。

コーチには多彩な練習メニューや、アイデアの盛り込まれた練習で、選手が「あれ？」とか「おっ！」と思うような工夫をすることが求められるのです。これは「選手が生き生きと練習しているか」というテーマともつながっています。単調なメニューでは選手の意欲を最大限に引き出すことは難しいのです。

5 練習の社会的な側面

人は社会的な動物です。チームという社会の中で役割を与えられたり、競争心が芽生えたり、他者との関係性を意識したときに責任感となって表れることがあります。

一番わかりやすいのがキャプテンという役割です。キャプテンという地位が本人に責任を感じさせ、自分が一生懸命に練習してうまくなろうとか、チームを目標へ向かって進めるためにはどうすれば良いかということを考えるきっかけになることがあります。

選手に責任感や自主性を持たせるには、このように役割を与えるのはもっとも手っ取り早い方法です。もちろん、役割はキャプテンだけではありません。「○○リーダー」や「○○担当」といったチーム独自の役割を作るのも良い方法だと思います。

また他者とのライバル意識や競争意識も社会的な側面です。同じくらいのレベルのチームメイトに負けたくない、もっとうまくなりたいと思うことが好循環を生むこともあります。コーチはこういったライバル意識をうまく利用することもできます。例えば2人組、

3人組といった練習メニューでは、ライバル同士を組ませれば練習の強度を高めることが期待できるでしょう。または先輩と後輩という関係もあります。先輩は「後輩の前で悪いプレーはできない」と思うかもしれません。後輩は先輩の足を引っ張れないという良い緊張感を持てるかもしれません。複数のコーチがいるチームなら担当コーチを決めるのも一つの方法です。「センター担当コーチ」を任命すれば、チームのセンターの成長の責任はそのコーチにあるということ。選手だけでなく、コーチにも役割を与えることで練習メニューの工夫やアイデアを引き出すことができるかもしれません。

社会的な側面のマネジメントは簡単ではありません。だれにどんな役割を与え、どんな言葉をかければ、チームを成長させることができるのか。それは論理的に正解がわかるものではありません。人は自己生成するので、同じ影響を与えても違った反応を示すことがあります。それだけ、人と人との影響をマネジメントするというのは難しいのです。しかし、だからといって何もしないという選択をすることはできません。成果に対して責任ある指導者として、ベストを尽くさなければならないのです。

6 自燃性、他燃性、不燃性

選手がどのようなモチベーションを持っているかは3タイプに分けられます。それを「自燃性」「可燃性」「不燃性」と呼んでいます。

「自燃性」とは自分自身の中にモチベーションを保つエネルギーを持っていて、さらにそれを燃やすための火種も持っている選手です。自分で自分のエネルギーを燃やせるのが「自燃性」です。このタイプの選手は他者がどうあるかは関係ありません。コーチが何もしなくても自分で課題を設定して、自らそれをクリアしていこうという意欲に溢れています。

「可燃性」も燃えるエネルギーは持っています。しかし自ら燃やすための火種がないため、他者から火をつけてもらう必要があります。つまり自燃性の選手と一緒になると力を発揮できます。しかしチーム内に自燃性の選手がいないと、持っている力を発揮し切ることができないのです。

ここまでの2タイプは程度の差はあっても、スポーツ選手として活躍できる下地はあります。問題は「不燃性」のタイプです。元々燃やすためのエネルギーがなかったり、燃料が湿っていたりして燃えないのです。自燃性タイプがたきつけようと、自燃性と可燃性が相乗効果を発揮して大きな炎となっていても一向に燃えません。スポーツをしている選手にはこういうタイプは少ないと思いたいですが、意外と多いのが実情です。

チームに自燃性が多いとチームづくりは容易でうまくいきやすいと言えます。しかし、元々絶対数が少ないため、1チームに何人も自燃性がいるということは稀です。

一番多いタイプの可燃性をいかに燃やすことができるかが大切になります。そこでコーチの出番です。コーチ自身が自燃性なら可燃性の選手たちを燃やすことができるでしょう。コーチが自燃性の組織はうまくいきやすいのです。

問題は不燃性です。不燃性がいると可燃性も湿ります。選手を選べるならチームに入れないというのがベストだと思いますが、そうはいかない場合も多いでしょう。不燃性の選手でもコーチの力で湿ったものを乾かすくらいはできるかもしれません。ここでもコーチが自燃性であることで大きな力を発揮するでしょう。

7 スピリッツキラーの対処

不燃性の選手はスピリッツキラーと呼べます。直訳すれば「意欲を削ぐ人」。スピリッツキラーは、自分が意欲を持っていないだけでなく、その名の通り周囲の選手のやる気まで奪ってしまうことがあります。学校教育の現場では教育の一環としてスポーツをしているので、どんな生徒であってもなんとかしてやる気を引き出そう、教育しようとします。それは教育的に大きな意義があり、重要な側面です。

では、学校現場ではないスポーツチームの場合も同じように考えるべきなのでしょうか。多くの選手たちが「最高の自分になりたい」、あるいは「チームを強くしたい」と前向きに考えているときに、1人のスピリッツキラーに台無しにされることがあるとしたら、それは指導者として受け入れ難いことです。

スポーツをするということは、だれもが持つべき不変の権利ではありません。生存権や人権といったものとは違った、自らが選ぶべき自由の権利です。やるもやらないも自由であるというのが前提です。

もちろん、すべての人にスポーツは開かれているべきだと思います。しかしそれは、やらないという自由も含めた権利であり、他者のスポーツをしたいという権利を侵害できるものではありません。心が湿ったスピリッツキラーを乾く程度まで引き上げられたとしても、それ以外の選手たちのモチベーションを犠牲にしているのだとしたらどうでしょうか。指導者は、意欲のある選手たちを守ることも重要な役割です。

逆転の発想も紹介します。人をその気にさせる能力が指導者の最たる資質であるとすれば、多くの指導者がスピリッツキラーだと匙を投げた選手ですらその気にさせることができれば、指導者としての高い能力を証明することができます。

結果的に、我々は選手が不燃性だからと言って簡単に指導を諦めるわけにはいきません。しかし、チームが成長しないことも簡単には受け入れられません。叱られてふてくされるような選手に対してどう指導をするか、そこに指導者としての人間力が試されています。他者を巻き込むような自己中心的な問題行動には、毅然とした対応が必要になることもあります。ここは、指導哲学が強く反映される部分です。

指導者とは、チームの成長に責任を持つ存在です。それは、個人個人の成長に責任を負うということでありながら、特定の個人だけに囚われてもいけないのです。

8 公平と平等の違い

公平と平等は似ている言葉ですが、決定的な違いがあります。スポーツの世界で大切なのは、平等ではなくて、公平です。

例えばシューティングをするときに、全員が同じ本数、同じ時間だけ行うのは平等です。しかしチームですから、シューターの役割を担う人がたくさん、長い時間かけるほうが効率も成果も良くなるはずです。一方で、頑張らない人は試合に出さない、頑張っている人は試合に出す。これは平等ではありませんが、公平です。やる気のないスピリッツキラーにも平等に機会を与えるのは、頑張っている人に対して公平ではありません。スポーツをする権利、スポーツの中のさまざまな権利は、万人が平等に得られる権利ではないのです。

コーチに求められるのは平等ではなく、公平な判断基準です。公平さを保つためには明確な基準がなければなりません。この基準があいまいになると、公平さを失うだけでなく不平等感さえも生み出してしまいます。こういった不平等感は、選手たちの意欲を大きく削ぐことになってしまうので指導者は細心の注意を払う必要があるのです。

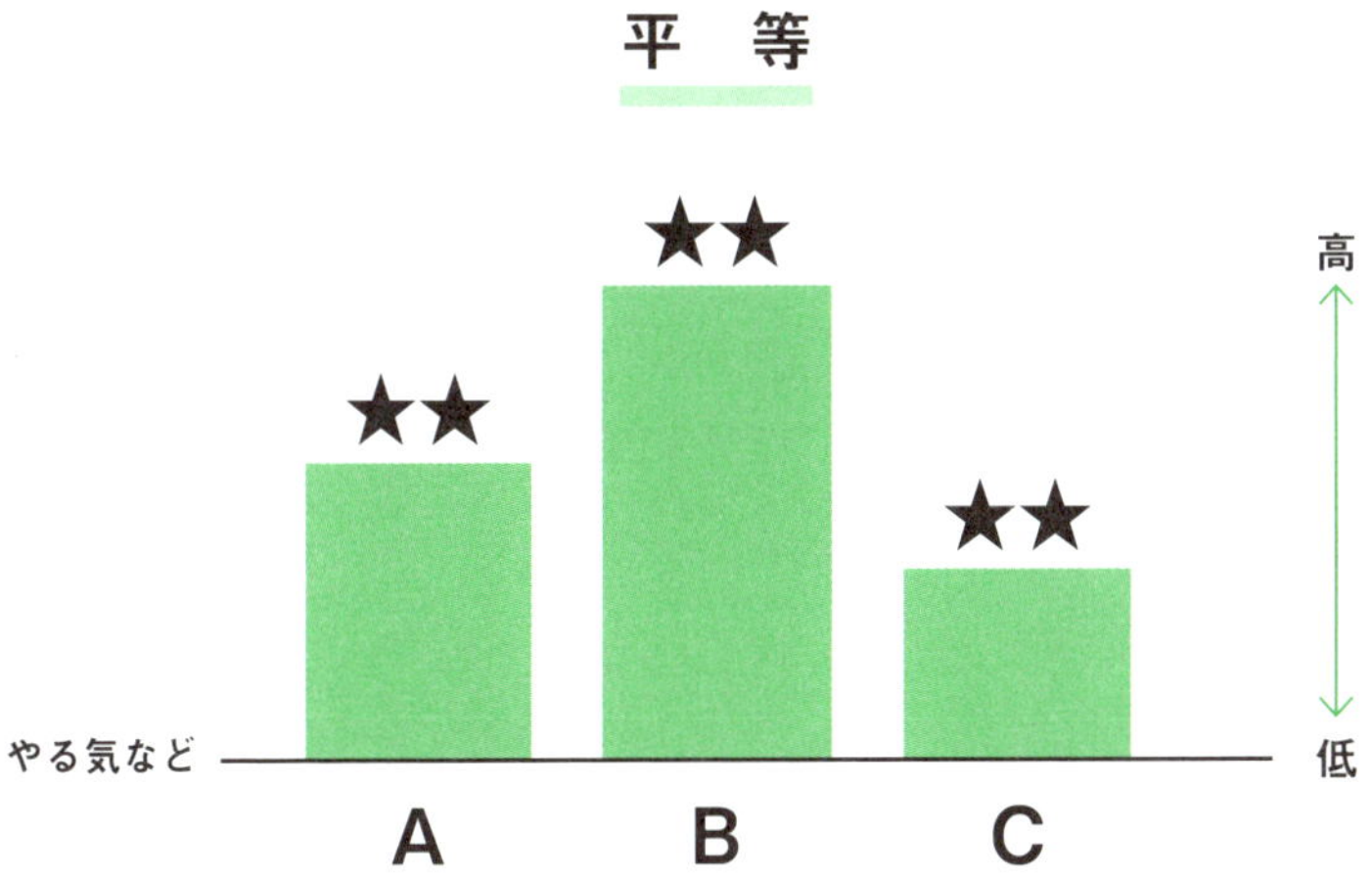

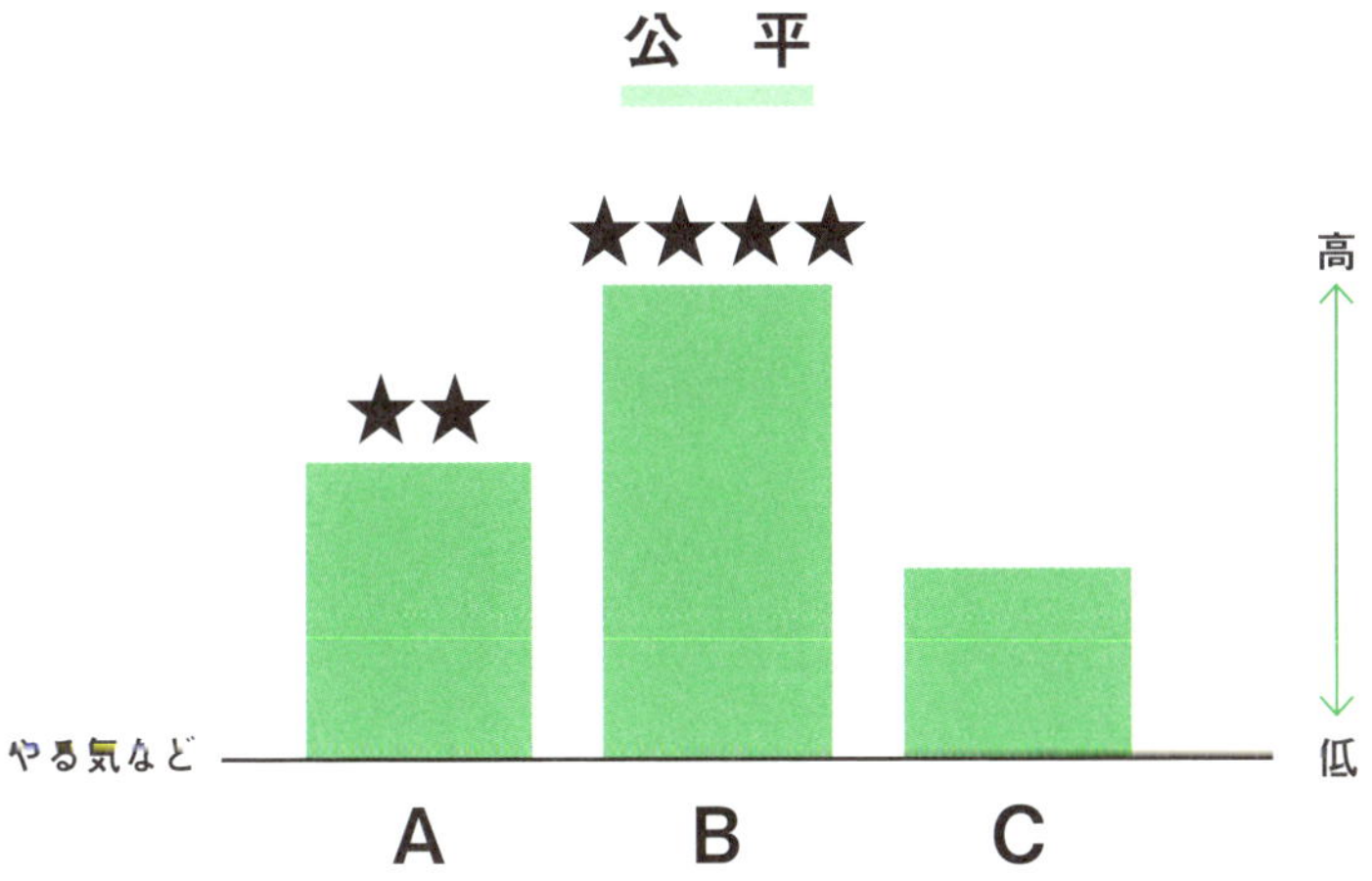

やる気があってもなくても、同じ回数の機会を与えるのが「平等」、やる気などに応じて、与える機会を増減させるのが「公平」です。

上図でいえば、A、B、C全員に同じ機会を与えるのが「平等」になります。それに対して、最もやる気が高いBに最も多くの機会を与えて、Cに対してはやる気などが高まるまで機会を与えないのが「公平」といえます。

9 日本人的な特徴という側面

日本人は突飛なアイデアや工夫を生み出すことが苦手で、他人と違うことをやるのを怖がる民族だと言われています。欧米人はその逆で他人と違う考えを持ち、主張するのが当たり前です。これは、農耕民族と狩猟民族という根本的な文化の違いが影響しているのかもしれません。

農耕民族は田畑で作物を育てて生きてきました。土を耕し、種を植え、手入れをして、ようやく収穫することができます。この手順を入れ替えたり、どこかを抜いたりすることはできません。決まったことを決まった手順でしっかりとやりきることが得意な民族文化です。こういった民族性だと、「最高に美味しく作物が実る薬があるんだけど試さないか?」と言われても簡単には試せません。なぜなら、それがもし毒薬だったとしたら、それまで何カ月もかけて土を耕して、手入れをしてきたことが無駄になるからです。

狩猟民族は発想の出発点が違います。その日獲物が手に入るかどうかはわからず、獲物にさえ出会えないかもしれません。失敗が基本にあるのです。だから獲物に出会ったときに捕らえられる確率を高めるために、より良い罠、より良い武器を発明しようと工夫します。新しいチャレンジに対して失敗の恐れが小さいのです。

このように、両者の間で「失敗」に対する考えが正反対なのですが、バスケットボールの競技性を考えたときに、向いているのは後者です。目的は「リングにボールを入れること」。その過程や順序に決まりはありません。工夫やアイデアにも決まりはないのです。

そこで日本人的なバスケットボール指導というものを考える必要があるような気がするのです。失敗を恐れる文化で育った子どもたちを、バスケットボールを通じて失敗を恐れないように影響していくのです。それは、失敗しても別にいいよということではありません。失敗しても平気というのは、うまくいかなくても平気であることとイコールです。それでは成長になりません。『Ｔｉｍｅ Ｑｕｅｓｔ』（『ＴＱ』）というビジネス書の中で、「良い判断は経験から得られる。経験は愚かな判断から生まれる」という言葉があります。

つまり、愚かな判断による失敗が、良い判断のタネになるということです。日本人は勤勉な国民性です。勤勉に失敗させることで、経験を最大化することができます。

言いかえれば失敗を取り返す経験を最大化するということです。こういった日本人的な特徴を逆転の発想で生かしていくことで、消極的な意欲を積極的な意欲へと変換していけるかもしれません。

CHAPTER 5

10 最も光があたらない人に光をあてる

コーチからの信頼が厚い選手は試合に出られますから、心身ともに充実して日々の練習に取り組み、自然にモチベーションを保てます。しかし信頼度の低い選手はあまり試合に出られません。そういう選手はチームの中に自分の役割を感じられずチームの中に居場所がないと感じたり、チームに貢献したいとは思えなくなったり、ネガティブな存在になってしまいます。こういった選手を生み出さないように、チームの全員を掌握し、真の意味でチームをマネジメントしていくためには、光のあたらない人に光をあてることができなければなりません。そしてそれは、指導者の仕事なのです。

中学生、高校生は心身ともに未熟です。自分が必要とされていると感じなければ、他の選手と同じ目的へ向かい続けるのは難しくなります。そんなとき何か問題を起こすのは陽のあたらない選手であることが多いものです。問題を起こさないまでも、自分は目をかけられていないという不信感は、チーム内の他の選手に影響を与えます。

モチベーションが下がっている選手に対してコーチがちょっとした目配りをするだけで

無用なトラブルを防げます。確かに悪いのは問題を起こす選手本人であるのは間違いありません。しかし指導者が、光のあたらない選手に対して光をあてることができていれば、起こらない問題もたくさんあるのです。

意識的にコーチから声をかけるだけで十分なこともあります。しかし、部員が増えれば全員平等に声をかけるのは難しいでしょう。そこで一番目立たない選手を最優先します。一番日陰にいる選手に特に目を配るようにします。そういう選手が何か小さなことでもチームに貢献したときには大げさと思えるほど褒めるのはとても効果的です。試合では貢献できないと感じている選手に自分も評価されている、チームに貢献できていると思ってもらえれば、チームの雰囲気は良くなるものなのです。そして、チームメンバーの多くが「自分たちも見てもらえているかも」という気持ちになります。それが、チーム全体の意欲に影響するのです。

そうやって、チーム全体に影響を与えていくことで、チーム内の力学はポジティブなものになっていくのです。

11

フロー理論

フロー理論とは、心理学者のミハイ・チクセントミハイ氏が提唱した考え方です。

簡単に言うと、物事に没入している状態をフロー状態といい、そういう精神状態になっているときには集中力を発揮して、高いレベルの学習能力を発揮するというものです。同時にその物事に対して楽しさや満足感を得られます。

しかし自分の能力と目的を比較したときに、達成可能と思える課題でないと没入できません。フロー状態にまで没入するためには、達成できるかどうかはわからなくても、頑張れば達成できそうだ、という課題設定が大切なのです。

具体的に言うとわかりやすいと思います。小学1年生に6年生との1対1で勝て、という課題を与えたとします。1年生にとっては目標が高すぎて最初から諦めてしまうでしょう。6年生にとっても簡単すぎて全力で取り組もうとはしません。では、小学6年生と中学1年生ならどうでしょうか。1年前まで同じカテゴリーで練習していた年齢差です。頑張れば倒せるかもしれない。頑張ってみようと思うはずです。レフ・ヴィゴツキーという

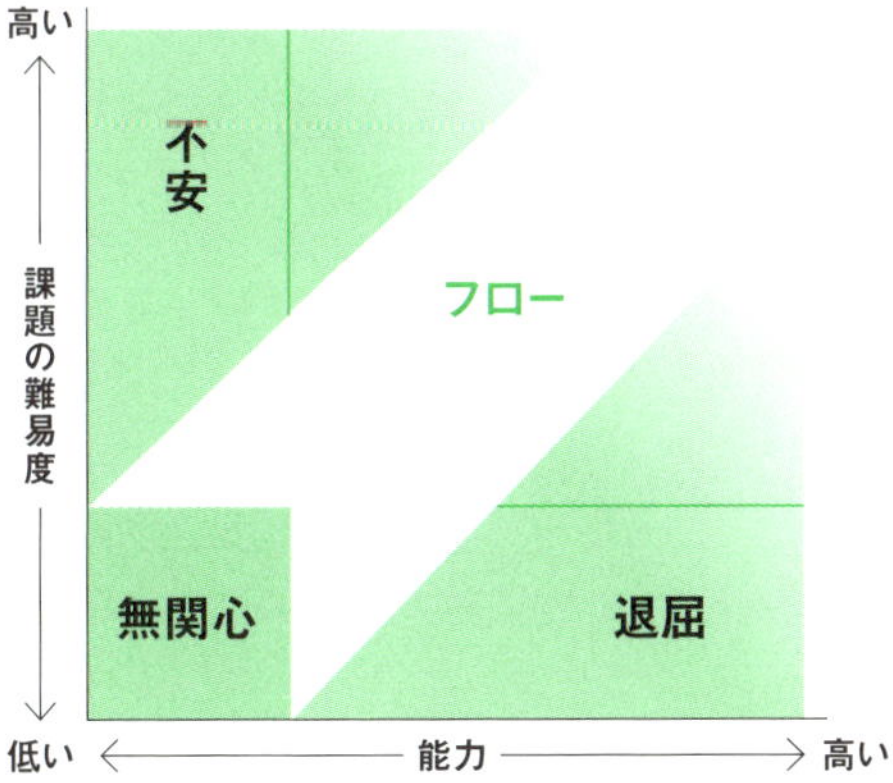

フロー理論

能力に対して課題の難易度が適正であるときに「フロー状態」になりやすい

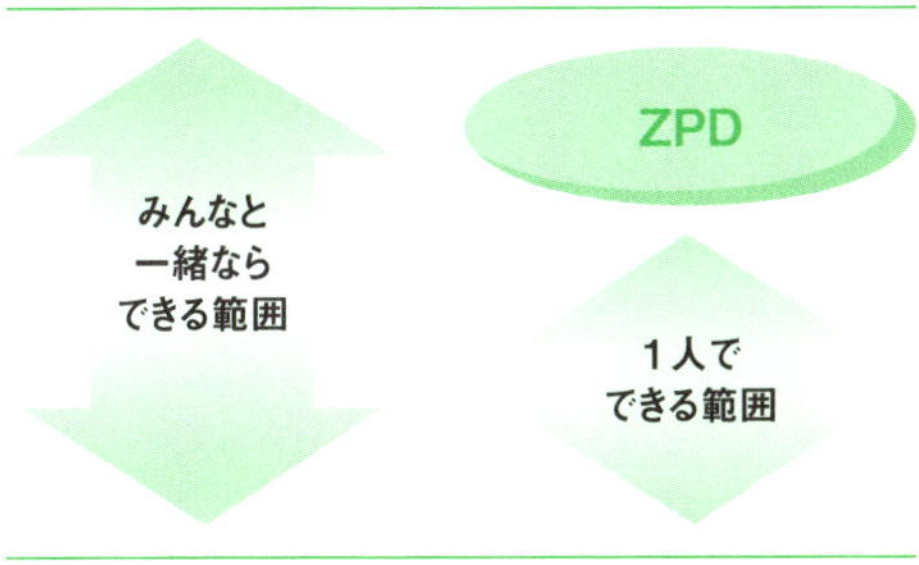

ZPD（最近接発達領域）

仲間と一緒にクリアできる範囲と、1人でクリアできる範囲との差を「ZPD」という

心理学者の言葉を借りれば、自分がいまはクリアできないが、あと少し、何かきっかけがあればクリアできるのにというレベルの領域を「最近接発達領域」といいます。

「できるかできないか」くらいの課題を与えることが選手の意欲を引き出すコツであり、選手の能力を伸ばすコツなのです。

12 マズローの欲求段階説

ここで心理学者のアブラハム・マズロー氏が主張した「欲求段階説」という考え方を紹介したいと思います。欲求には五段階あって、下層が満たされることによって、より高次の欲求を求めるようになるというものです。下層は人間が人間として生きていくための最低限の欲求です。ここが満たされないと社会的な欲求や内面的な欲求は生まれません。

バスケットボールチームに所属しているということは第三層の欲求は満たされています。そしてチームの中で活躍できる選手は第四層の「承認欲求」も満たされます。難しいのは試合に出られずに活躍の場がない選手のモチベーションの保ち方です。そういう選手は社会的欲求は満たされているのに承認欲求は満たされません。コーチはそういう選手に声をかけて、存在意義があることを示してあげることが必要になります。

そして第五層の「自己実現欲求」まで高められるのがスポーツ選手として理想の姿です。いわゆる自らの内面に燃えるものを持っている選手です。そういう選手が複数いると、偉

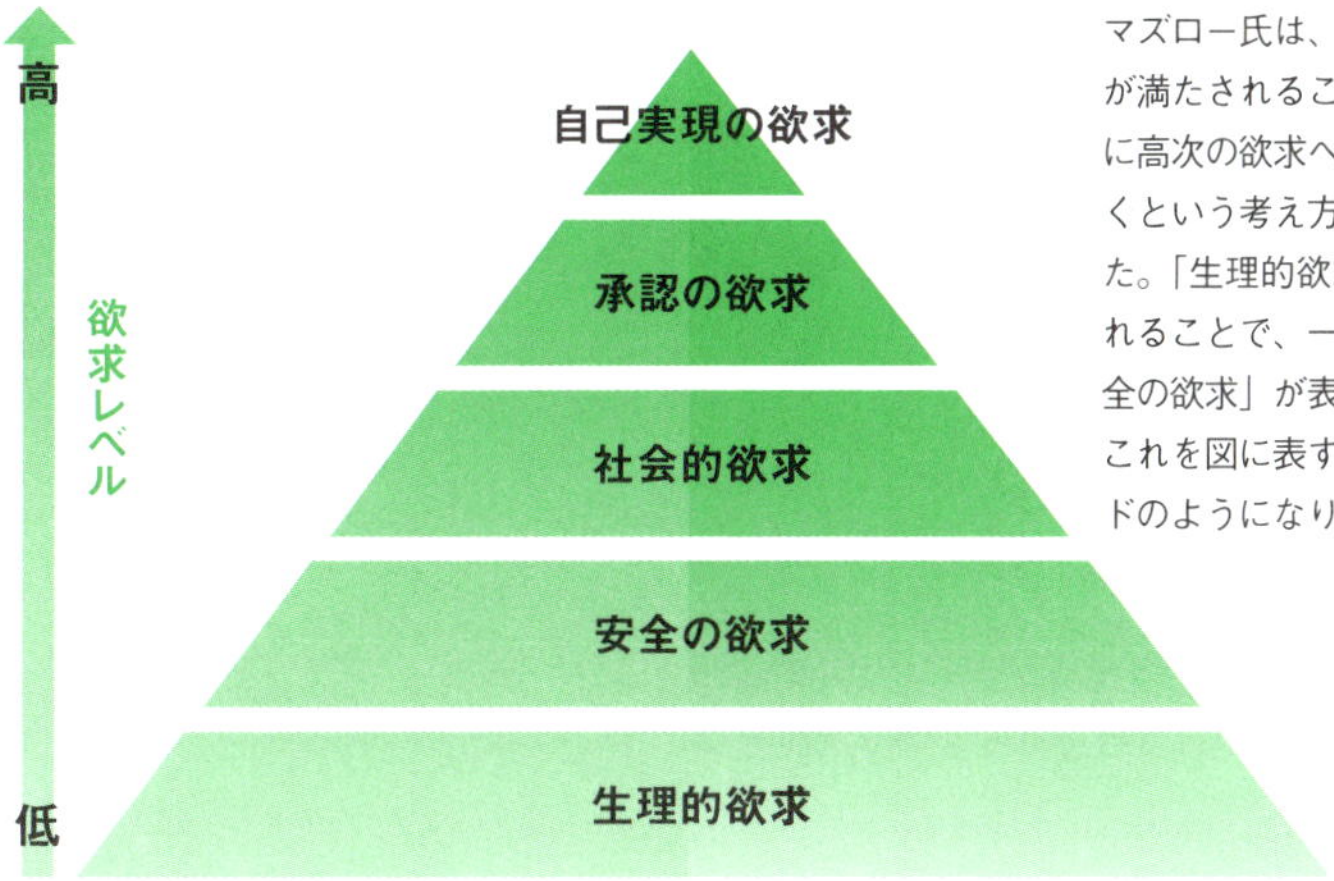

マズローの欲求階層説はピラミッドのように表現できる

マズロー氏は、低階層の欲求が満たされることで、段階的に高次の欲求へと向かっていくという考え方を主張しました。「生理的欲求」が満たされることで、一階層上の「安全の欲求」が表れるのです。これを図に表すと、ピラミッドのようになります。

大なチームへの扉を開くことができます。

自己実現欲求の水準でバスケットボールをプレーしている子どもは稀です。それなのに、指導者が子どもたちに自己実現欲求を持つことを強要しても、なかなかうまくいきません。なぜなら、心の扉を外側から無理やり開くことはできないからです。選手たちが内側から、自己実現欲求の扉を開くことができるように、指導者は影響を与えていくことしかできません。

まだ選手たちの自己実現欲求が弱くても、多くの選手たちは承認欲求を持っています。承認欲求をうまくつかまえることができれば、チーム内の影響の力学をポジティブに展開していくことも可能になるのです。

13

選手をやる気にさせるつかみどころのない能力

意欲に関して、バスケットボールの偉大な指導者、ジョン・ウッデン氏の言葉をここで紹介したいと思います。

「ほとんどの老練なコーチの間には、バスケットボールの技術的な知識において違いはあまりない。ビジネスの世界でも同様だ。管理職の立場にある者はみな、それぞれの仕事の基本を理解している。しかし、部下を教えて、やる気を起こさせる能力は、指導者によって大きな違いがある。知識だけでは理想的な結果を得るのに十分ではないのだ。部下にやる気を起こさせるという、つかまえどころのない能力がなければならないからだ。これが指導者の条件である。部下にやる気を起こさせることができないなら、人を導くことはできない」(『育てる技術』より)

褒めるだけでは選手のモチベーションは高まりません。威圧感だけで選手を支配しようとするのは、もはやコーチとは呼べません(第三巻45ページ)。コーチに必要なのは「選手をその気にさせる」というつかみどころのない能力です。

我々指導者は、技術に関する知識や戦術に関する知識で指導力を推し量られるのではありません。人をその気にさせるという能力が、指導者としての本質的な能力を左右するのです。では、どのような指導者が選手にやる気を起こさせることができるのでしょうか？

いま、私が知りうる限りで、この問いに対する最も素晴らしい答えを出しているのがジョン・ウッデン氏とＰ・Ｆ・ドラッカー氏です。彼らの言葉を次のページで詳しく紹介したいと思います。

14

尊敬を土台にした関係づくり

まず、ジョン・ウッデン氏の言葉を前項と同じく『育てる技術』から紹介したいと思います。

「指導者の最も基本的な条件は、自分の指導下にある人たちの尊敬を得ることである。それには、みずからがまず彼らに敬意を示すことだ。あなたはまず、自分の指導下にある人たちは、あなたのために働いているのではなく、あなたといっしょに働いているのだということをしかと肝に銘じておく必要がある。あなたとあなたの部下は、共通の目標によって結ばれているのだ。指導者は、自分の指導下にある人たちに敬意を抱かなければならない。敬意とは愛の一種である。指導者が彼らに敬意を抱けば、彼らは指導者から頼まれたことをするものだ」

「恐怖心をあおれば、短期的には人びとに何かをやらせることができるかもしれない。しかし、長期的な視点から見ると、人びとにやる気を起こさせるには、誇りを持たせるほうがずっと効果的だと私は確信している。そのほうが、ずっと長い期間にわたってはるかによい結果が得られるのだ。誇りを持っている人物か、罰を恐れている人物か、私ならどっちの人物といっしょに仕事をするだろう。私にとって、それは簡単な選択だ。相手に敬意を示してはじめて相手は誇りを持つ。このことを忘れてはいけない」

ドラッカー氏も、著書『マネジメント』の中で以下のように述べています。

「仕事の上の人間関係は、尊敬に基礎をおかなければならない」

これは、X理論Y理論という、心理・経営学者ダグラス・マクレガー氏によって提唱された産業心理学を踏まえての言葉です。X理論Y理論は、「人間は生来怠け者で、強制されたり命令されたりしなければ仕事をしない」とするX理論と、「生まれながらに嫌いということはなく、条件次第で責任を受け入れ、自ら進んで責任を取ろうとする」Y理論とがその理論を構築しています。X理論は、命令や強制で管理し、目標が達成できなければ処罰するマネジメント手法となります。Y理論は、魅力ある「機会を与える」のです。しかし、ドラッカーはそのどちらも前提は「支配」で、高い次元で組織をマネジメントするためには、アメとムチや心理的支配ではなく、尊敬と責任が重要だというのです。

2人は、共通の答えを導き出しています。選手たちの「意欲」を引き出すための、最も重要なカギは「尊敬」と「信頼」だと私は考えています。

15

選手が指導者の言葉をどう受け取るか

みなさんは学校の授業をどのように受講していましたか？　積極的に先生の言うことを聴いていたでしょうか？　先生が言うことのすべてを全受容していましたか？　ところどころは先生の言っていることに疑問を持って、部分受容していましたか？　それとも先生という存在を拒絶したり、無視したりしていたでしょうか？

我々が学校で授業を受けていた頃を思い出しても、先生と生徒という間に「全受容」しかないというのは不自然だとおわかりいただけると思います。先生がどんな人間性で、生徒とどのような信頼関係を築いているか、どんな授業をするか、どんなやりとりをするかなどによって、生徒側の受け取り方は「全受容」や「部分受容」、「拒絶」、「無視」というように千差万別になります。

しかしながら、教師の側が「生徒は自分たちの授業を全受容すべきだ」という立場にたって指導法を考え始めたらどうなるでしょうか？　生徒は全受容するはずだから、こういった授業をすれば生徒たちはこう変わる、こううまくいく、と生徒への力学をあたかも予測可能なものとして扱うことができるようになります。

しかし、実際はそうではありません。生徒たちはその授業を部分受容しかしなかったり、拒絶したりするかもしれないのです。だからこそ、教師は授業の質を高め、さまざまな工夫を凝らして指導力を高めていきます。生徒が全受容するという前提では、本質的な「授業の質」は高まらないのです。

これはスポーツの指導者にとっても同じことがいえます。自分が指導したことを、選手たちは全受容するべきだという前提にたっていないでしょうか？　選手の側の受け取り方はさまざまです。相手は機械ではなく、一人ひとりの個性ある人間です。我々は、そのことを前提にしてスポーツを指導しなければならないのです。それができなければ、選手の意欲を無視することになります。意欲を引き出そうとは考えず、意欲を持って指導を受けるべきだという前提で指導を進めてしまうことになるのです。その姿勢が、指導者としての成長を妨げるのです。

16

選抜という力学に頼ったコーチングから脱する

学校の授業でも、生徒は先生の授業を全受容したり、部分受容したり、拒絶したり、無視したりするということを紹介しました。しかし、多くの場合、生徒は「全受容したふり」をします。なぜなら、先生の側に「評価」や「選抜」の権限があるからです。教育というシステムは、選抜という力学が機能しています。入試では、得点や内申点によって「合格」と「不合格」に選抜します。その選抜があるため、選抜を重視している生徒たちは授業の内容がどうであっても「全受容したふり」をすることになります。

この「全受容したふり」こそが、指導者側の落とし穴になるのです。自分が行った練習をより良くしたいと思っていても、まだまだ未熟な練習をしてしまうことがあります。しかし、選手たちはその指導者の練習を一生懸命に「全受容」します。しかし、それは本当に全受容なのでしょうか？　全受容したふりをさせてしまってはいないでしょうか？　試合にだれを出すかという選抜の権限を指導者が握っているから、選手たちは練習を全受容したふりをするのかもしれません。進学先がどこになるかの選抜の力学を指導者が握っているため、選手たちは全受容したような練習をしているのかもしれません。

選抜の力学がある以上、試合に出たい選手はどんな練習であっても頑張ります。指導者の言うことを聞き、積極的に行動します。それは、指導力によるものでしょうか？　そうである場合もありますし、そうでない場合もあるということです。

選抜という力学がないところでも、選手たちが意欲的に練習に取り組んでくれるとしたら、それが正真正銘の信頼関係、尊敬を土台にした関係と言えるのかもしれません。

チームで指導をする以上、試合にだれを出すのかという選抜の権限を指導者が持つことは自然なことです。選抜の権限を手放すことが重要だと言いたいのではありません。選手たちと尊敬と信頼の関係を築き上げるために、選抜の権限によるフィルターが邪魔になる場合があるということです。

指導者として、人をその気にさせるというつかみどころのない能力を磨きたかったら、選抜の権限というフィルターを超えて、選手からの尊敬と信頼を集められなければならないのです。

CHAPTER 6

卓越性

強みの本質

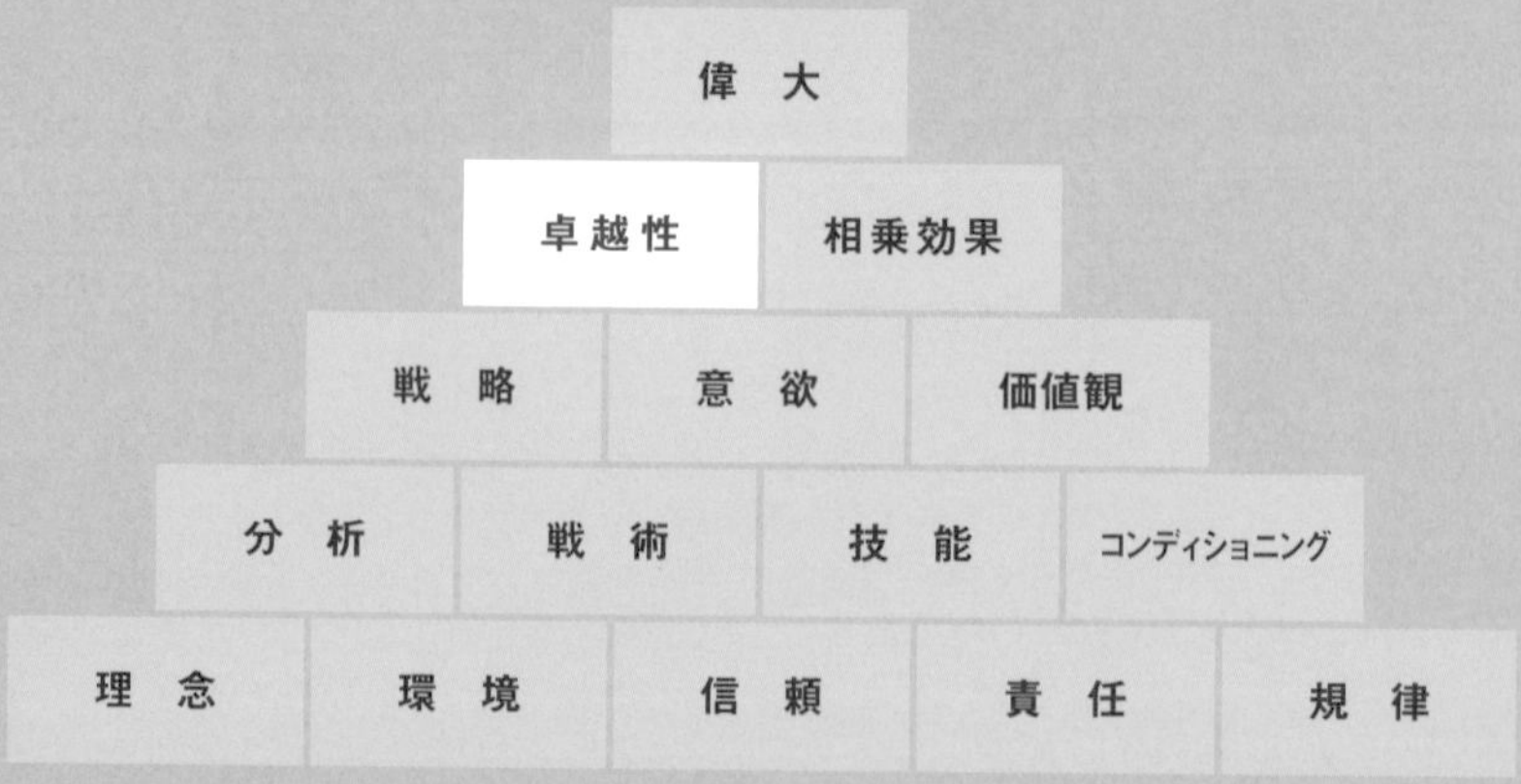

1 卓越性がチームを偉大へと導く

自らが持っている卓越性に集中することによって、その能力を最大限に生かすことができます。もちろんそのためには卓越性がなんなのか、どういった使い方が有効なのかを見極めることが必要です。

卓越性の見極め方には3つのポイントがあります。

①ナンバー1になれるもの（目指す大会などのレベルの中で）

②成果や勝利に直結するものであること

③選手がやっていてワクワクすること

この3つを満たしたものが、卓越性になりうるものです。詳しく説明していきましょう。

①は県大会1位が目標なら、その能力が県内でトップになりうるものでなければなりません。②はバスケットボールの試合をするのですから、例えば腕立て伏せで卓越しようとしても、少し的外れなわけです。腕の強さだけがシュートの本数や確率に直結することはあまりありません。また、雑巾がけで卓越したチームを目指そうと言われても、選手はあま

りワクワクしません。

ある中学校の例を紹介します。そのチームは部員が少なく、公式戦での対戦相手は選手を推薦で集めている私立中学や、近隣からミニバスで鍛えられた選手が集まるような強豪校ばかりです。強豪チームに比べると選手層が薄いという弱点を持ちながら、その中学校は何度となく強豪チームを苦しめるような、偉大なチームを作り上げました。そこには、卓越性への集中がありました。

そのチームの卓越性は「リバウンド・ルーズボール」です。その中学校はリバウンドとルーズボールでは絶対にどこにも負けないという卓越性を磨きました。特別に背が大きい選手がいるわけでもなく、実績がある選手が集まるわけでもないのですが、リバウンドとルーズボールだけは努力と意欲で関東のナンバー1になれると、チーム全員が信じて努力し続けました。この戦術は、①から③のすべての要素を満たしていました。このような卓越性を見出し、そこに集中することは偉大なチームを作るうえで非常に重要なコンセプトになります。そして、卓越性を見出すためには理念や環境、分析、戦略、技能などさまざまなブロックの土台が必要になるのです。

2 強みとは何か

よく「強みを生かそう」という言葉を見聞きします。卓越性とはまさに強みを発揮するということです。しかし、強みとは単に「得意なこと」という意味ではありません。「好きなこと」とも違います。強みとは、端的に言えば成果を挙げる能力のことです。成果能力とも呼ぶべきものです。

成果能力に直結しないものはあまり効果的な強みとはなりません。例えば、「シュートを打つことが得意です」というのは強みとは言いません。シュートは決まってこそ成果になります。打つのが得意な選手、つまりは強気や積極性があるというのはそれだけでは強みとは言えないのです。その強気や積極性を「確率の高い得点」という成果につなげられてはじめて「強み（成果能力）」といえるのです。

ここで、株式会社ＴＭＡコンサルティング代表取締役で経営コンサルタントの浅沼宏和先生の「強み」についての原理原則を紹介したいと思います。ビジネスマン向けに紹介されたものを、スポーツを例にして整理していきます。

①強み（成果能力）とは、制約条件を克服する能力です。自分は背が小さいとか、交代できる選手がいないとか、さまざまな制約条件がある中で、それでも成果を出せるものが強みといえるものです。

②強み（成果能力）は、プレーを前提とした能力です。「打てば入るんだけど」というのは強みになりません。

③機会は強み（成果能力）に応じて見えてきます。勝利へのチャンスが弱みによってもたらされることはありません。

④試行錯誤は強み（成果能力）獲得のための未知へのチャレンジです。試行錯誤がなければ自分の中の「未知の強み」に出会うことは難しいでしょう。つまり、試行錯誤は制約条件克服の試みであるとも言えます。これは、試行錯誤の失敗（failure）はミス（miss）ではないということを意味しています。

⑤前提条件が変わると強み（成果能力）は失われます。ミニバスの頃にはシュート力が強みだったが、まだ体が華奢なためボールが大きくなりゴールが高くなる中学校のカテゴリーではシュートが強みにならなくなる、ということが起こり得ます。

⑥継続学習の目的は強み（成果能力）の獲得にあります。日常的に単調に繰り返される練習の延長線上に強み（成果能力）の飛躍はありません。異質の強み（成果能力）の獲得

には長期間の取り組みが必要です。
⑦予期せぬ成功が強み（成果能力）を生かす機会を教えてくれます。予期せぬ成功は試行錯誤の数に比例して生じ、予期せぬ成功の深掘りが強み（成果能力）を向上させます。
⑧試合での成功が単なる技術を強み（成果能力）に変えます。高いレベルであるほど、技術の定義力（第一巻を参照）で差がつきます。技術の定義力は強み（成果能力）の中心的要素です。

選手個人として、チームとして、強み（成果能力）を獲得するということは極めて重要な要素です。卓越性を発揮して、偉大なチームへの飛躍を目指すならば、強み（成果能力）を見つけ、伸ばし、生かすことを考えていかなければならないのです。

チームへの貢献は強みによってもたらされます。弱みでは貢献できないのです。

強みが大事だとわかっても、なかなか自分たちの強みを見つけられずにいるチームや選手も大勢います。それは、成果につながるかどうかという面で曖昧なものが多いことが一つの要因です。一見成果に直結しないように思えるものの例には、リーダーシップがあります。リーダーシップでは直接得点が増えることはありません。しかしリーダーシップは単なる声出しと違って、成果につながる可能性があるものです。例えば練習中にイージーシュートを外した選手がいたとき、その選手が発奮するような言い方で「そんな気持ちじゃダメだ！」と発破をかけられれば、練習の雰囲気が引き締まります。イージーシュートは外せないという雰囲気を作れれば、間接的に成果につながるのです。このように、強みを成果能力と捉えて、強みを見いだし、強化していくことが重要なのです。

3

準備に失敗することは失敗する準備をすること

ジョン・ウッデン氏は「準備に失敗することは、失敗する準備をすることだ」と言いました（第三巻149ページ）。準備とは、試合で使えるようなスキルなどを身につけるための練習のことです。日々行っている練習が試合へ向けた準備になっていなければ、それは試合で失敗するための準備をしているのと同じなのです。いまやっている準備は将来成功するための準備になっているでしょうか。

今日の練習で対面パスをしたとします。それは試合でパスが成功するための準備でしょうか。対面パスをしていればいつかパスがうまくなるだろうという安易な考え方は試合に対する準備ができていないのと同じです。

相手が手を下すまでもなかった。これが自滅です。準備に失敗すれば、待っているのは自滅です。卓越した組織は、準備をおろそかにはしません。それは、準備が成功につながるとわかっているからです。では、準備さえしていれば必ず成功できるのでしょうか？それは違います。必ず成功するという保証がないから、スポーツは面白いのです。どれだけ準備をしても、し尽くすことはない。相手はそれ以上の準備をしてくるかもしれない。そんな不確実性の中にドラマがあるからこそ、スポーツは非日常的なものになり、観客を興奮の中に誘うことができるのです。

準備に失敗している段階で、もはや勝敗を語る資格はありません。準備に失敗するとは、ベストを尽くさなかったという意味です。知り得ないことを成せなかったのは、失敗ではありません。それは、ベストを尽くして準備に成功したが、相手がその準備を上回った。ただ、それだけです。どれだけ完璧な準備をしてもそれが勝利をまったく保証してくれないのがスポーツです。では、完璧な準備をしたところで勝利が保証されないのなら、準備なんて大して意味がないのでは？　と考えるでしょうか？　残念ながら、勝利の可能性を最大限に高めるためにできる唯一の方法が、準備にベストを尽くすことなのです。

確かに、大した準備をしないで臨んだ試合でも勝利を収めることはできるかもしれません。それは、単に相手も自分たち以上に準備をし損なっていただけかもしれません。それを成功とは呼べないのです。偉大なチームになるためには、準備にベストを尽くす組織を作らなければなりません。

4

運の利益率

どれだけ効果的な準備をしても、それが結果となって表れないこともあります。その要因の一つに運があります。運はコントロールできません。準備にベストを尽くしても、不運な出来事によって勝利を収めることができないことはあるものです。では、偉大になれた組織や、最大限の成果を発揮している組織は運に恵まれていたのでしょうか。『ビジョナリーカンパニー④』（ジム・コリンズ、モートン・ハンセン共著）の第7章では、偉大な企業が偉大であるための要素として、運がどのように作用しているかを調査しています。同じような環境にあった二つの企業から、偉大な企業へと飛躍したA社と偉大になれなかったB社を比較し、それぞれに幸運な出来事と不運な出来事がどのくらいあったのかを調査したのです。すると、面白いことに両社の間には幸運な出来事の数も不運な出来事の数も大きな差がなかったことがわかりました。つまり、偉大になった企業は運が良く、そうでない企業は不運だったというわけではなかったのです。両社とも同じように幸運に恵まれ、不運にも直面していたのです。

では何が二つの組織の成功と失敗を分けたのでしょうか？　『ビジョナリーカンパニー④』ではさらに踏み込んだ調査をし、非常に興味深い結論を導き出していました。それは、偉大な組織を作る過程でAには不運に対処する準備があり、幸運を最大限に生かせるための準備がありました。Bにはそれが不足していたのです。つまり偉大な組織になれるかどうかを分けたのは、運ではなく準備だったということです。このように、幸運を最大限に生かし、不運に対して適切に対処することができれば、運を効果的に活用できるのです。こういった運を生かせているかどうかの度合いを「運の利益率」と言います。運の利益率を左右するのは準備の質なのです。

バスケットボールでも運に対して準備をしておくことはできます。1試合を通して必ず良い流れの時間と悪い流れの時間があります。悪い流れのときにはどうやってしのぐか。良い流れのときにはどうやってそれを生かすのか。偉大なチームは最悪の事態も想定した準備をしています。そして、チャンスをものにするだけの準備もしています。準備の質が、運の利益率を左右し、単に優良なチームを偉大なチームへと飛躍させるのです。

CHAPTER 6

5

予期せぬ成功

「予期せぬ成功」とは、P・F・ドラッカー著『イノベーションと企業家精神』に出てくる言葉です。しっかりとした準備ができていれば成功へ向かうでしょう。その結果、成功を手に入れる可能性は高まります。これは予測した成功です。一方で予期しなかった成功を手に入れることもあります。そのためには失敗を恐れずにチャレンジすることが大切です。そのチャレンジによってもたらされるものが良いことばかりとは限りません。良い結果にならなかったとしてもリスクとして処理できる範囲でチャレンジするのは良いことです。なんらかの運がもたらされる状況に身をさらしておくことが、予期せぬ成功をもたらすことがあるのです。

例えば、大会に行くとさまざまなチームのコーチがいます。良いチームを指揮しているけれど見た目は怖いというコーチに、話しかけるのは勇気がいることです。相手にされないくらいならいいですが、本当に怖かったら嫌な思いをするかもしれません。しかしその程度のことはなんということのないリスクです。思い切って話しかけてみて、新しい出会いや発見のチャンスに恵まれることのほうが、失うものより大きいのではないでしょうか。

物事は計算通りに行けば無難です。予想外の出来事にあたふたしたり、苦労したりすることはないでしょう。しかし、見方を変えればその成功も予測の範囲内です。予想を超えた成功は手に入りません。ほとんどの人がそんな練習はしないよ、というようなアイデアの中から思いがけないような発想を持った選手が生まれてくるかもしれません。もちろんそれがその選手の可能性を狭めてしまうようなものではいけません。でも、練習に工夫をしたからといって選手をダメにすることはあまりないはずです。リスクのない新たなチャレンジに臆病ではいけないと思うのです。

セレンディピティ（Serendipity）という言葉があります。予想外の成功とか、偶然な良い出会いのことを言います。さまざまな発明が、このセレンディピティによって生まれています。もともとそれを作るつもりではなかったのに、ある失敗作が実はすごい発明になったというようなケースです。医薬品でも、副作用で出たものが実はその副作用を必要とする病気の薬になったというケースもあります。運に身を晒すということはリスクをとるということです。リスクを伴う試行錯誤が、セレンディピティとの接点を生み出します。

偉大な組織は、失敗を恐れずたくさんの試行錯誤を行う大胆さと、それでいて大きすぎるリスクはとらない慎重さというＡＮＤの才能を発揮するのです。

6 エントロピーの法則

物理学用語に「エントロピーの法則」というものがあります。「熱力学の第2法則」とも言われる、熱は高温から低温に移動し、その逆は起こらないとする法則です。氷は外部からの影響を受けない（冷やさない）状態で置いておくと、溶けて水になります。しかも氷から水になるという完全に一方通行の状態変化です。水を放っておいたら氷になるということはないのです。

スポーツでも同じことが言えるのではないでしょうか。バスケットボールのスキルに当てはめて考えてみましょう。うまくなるためには毎日練習し続けなければなりません。これが水を冷やし続けるということになるでしょう。やがて満足できるレベルまでスキルが高まったとします。つまり水が氷になったということです。

しかし氷を放っておけば水になるように、スキルもレベルもそのまま放っておけば間違いなく落ちていきます。氷を冷やし続けなければならないのと同じように、スキルもそれまでと同じように努力し続けなければそのレベルを保てないのです。これは、原則とも呼べる自然の法則なのです。

一過性の成功ならば才能を発揮することで手にすることができます。しかし、成功し続けるためには人格が必要です。成功に奢らず、すべきことを毎日毎日徹底し続けなければなりません。そこに必要なのは才能ではなく、そういったことを為すだけの人格を持っているかどうかなのです。

卓越性を手にすることができたとしても、偉大になることはできません。卓越性を向上し続けるという過程が、偉大な組織へのプロセスです。

企業を見ても、偉大であり続ける企業と衰退していく企業との大きな違いは、経営者の人格です。そこにまつわる「第五水準の指導者」については、次章で詳しくご紹介したいと思います。

CHAPTER 7

指導者

学びの追求

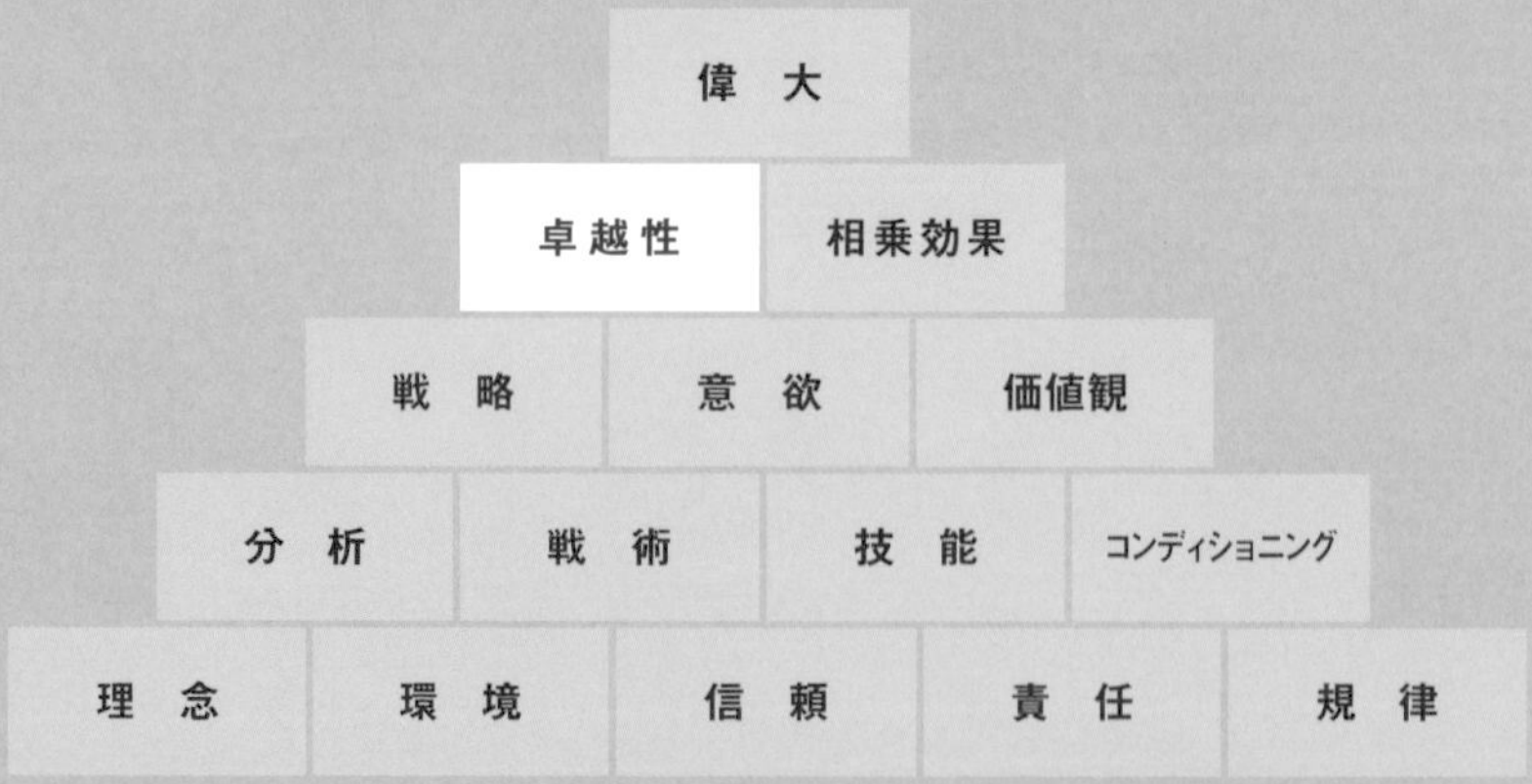

C.P.M
13

1 努力がものをいう正規分布の世界

これまでは主に選手やチームの成長について説明してきました。ここで少し目先を変えて、コーチの質の向上について考えてみたいと思います。指導者としての学びは、選手としての学びとはまた異質なものです。指導者はプレーヤーではありません。役割が違うということは、必要な技能が違うということです。選手とは違った能力が必要であり、それによって組織に成果を挙げさせなければなりません。まずは、我々が仕事をすることになる「スポーツ」という世界の特徴を見てみましょう。

バスケットボールのようなスポーツは、さまざまな要素をグラフで表すと正規分布になります。例えば垂直跳びなら30センチや１００センチという人は少なく、60センチ前後がもっとも多くなります。１００メートル走のタイムや走り幅跳びの飛距離なども、グラフの形は同じような正規分布になります。一方で非正規分布の世界もあって、例えば映画の興行、ミュージシャンやタレント、作家や作曲家などの成功度合です。こういった人たちの収入をグラフにすると、成功している人はとんでもなく稼いでいますが、それはほんの

非正規分布

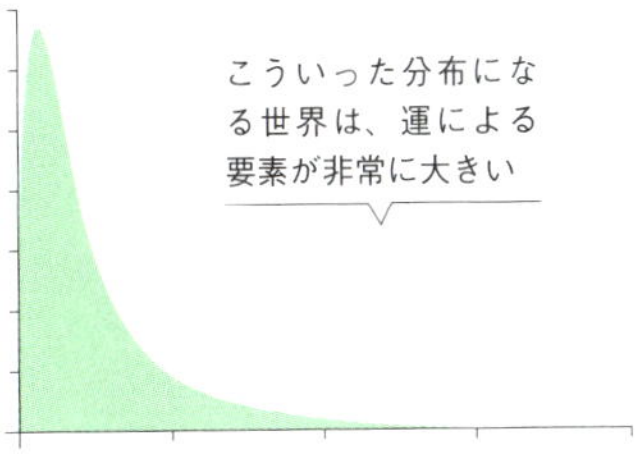
こういった分布になる世界は、運による要素が非常に大きい

正規分布

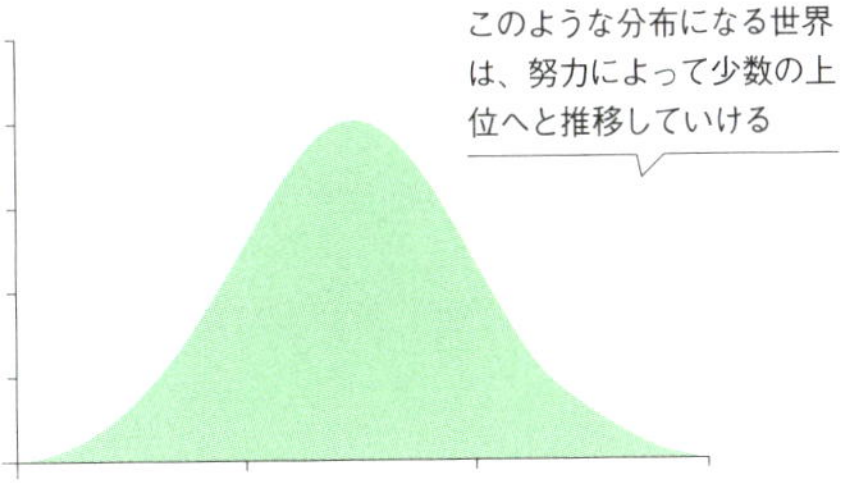
このような分布になる世界は、努力によって少数の上位へと推移していける

一握りです。それ以外の多勢はほとんど稼げていないような分布になります。

正規分布と非正規分布の世界の決定的な違いは、努力がどう作用するかにあります。非正規分布の世界はいくら努力しても売れるとは限りません。成功には運や才能が大きく影響します。一方で正規分布の世界は、努力が正当に報われやすい世界なのです。

バスケットボールなどの競技の世界は正規分布の世界です。スポーツのパフォーマンスは努力や工夫によって成果が出やすいため、指導法を勉強したり、戦術や戦略について精通したりしていけば、その努力の分だけ結果が表れやすいのです。もちろんコーチにも良い選手に出会えるかどうかといったところに多少は運の要素はありますが、この努力の内容を吟味し、精査していくことで指導力が高まっていくのだと思います。

2 経験から何を学ぶか

人は成功体験や良い経験を一度手にすると、次もそれにすがりたくなります。経験をして学んでいくことは大切なのですが、とりわけ成功体験には落とし穴があることも知っておかなければなりません。

例えば長年チームを率いてきたコーチが、ある年に歴代最高のチームだと胸を張れるチームを育てられたとします。このコーチはその要因について、何か一つの練習の効果に目を向けて、その練習のおかげだと考えるかもしれません。しかし次も同じ練習をしていれば同じように成功を手にできるとは限りません。なぜなら、次にチームに入ってくる選手たちは成功した選手たちとは違いますし、対戦するチームも含めて、あらゆることが違うはずです。もしかしたらその成功はそのときチームに入ってきた選手たちを下のカテゴリーで指導してくれたコーチの力だったかもしれません。ところが一度成功したコーチはそういう部分には目を背け、自分の力だと思いがちです。次の年に成功しないとき、このコーチは「前年に成功したのだから、俺のやり方は間違っていない。悪いのは自分ではなく選手たちだ」という思考になりがちです。

繰り返しますが、経験から得られることはとても貴重です。しかし勝ったときの経験から得られるものは抜け落ちていることもたくさんあることも知っておかなければなりません。成功は次なる成功をまったく保証しません。成功した要因というのは、我々が思っているほど単純ではないのです。成功の要因が経験から学べるというのは半分はあっていて半分は間違っています。経験から学ぶべきことは、再現性のあることです。選手も相手も変わり続ける試合という要素においては、再現性がある成功体験というものはほとんどありえないのです。

3 リバースエンジニアリングは難しい

いま目の前にある状況から推察して、過去を言い当てることをリバースエンジニアリングと言います。例えば、晴れている日に道を歩いていたら目の前に水たまりがありました。この原因はぱっと見ただけで正確に推理することはできません。もちろん想像はいくらでもできます。水はけが悪い場所で数日前の雨水が残っているのかもしれません。だれかが打ち水をしたのかもしれません。しかしそれが正解かどうかの証明は簡単ではありません。あれこれ考えるだけなら10分前にトラックの積み荷から氷が落ちたのが溶けた可能性もゼロではないのです。つまり、リバースエンジニアリングは非常に難しいのです。

反対に10分後を想像することは比較的簡単です。晴れている日のちょっとした水たまりですからおそらく乾いてしまうでしょう。これはほとんど正確に言い当てられるはずです。

バスケットボールでもリバースエンジニアリングには注意しなければなりません。毎日ある練習をしていると、1カ月後にどういう成果が出るかは想像できます。しかしあるチームを見て、こんなことができている、それはこういう練習をしたからだと断定するのはとても難しいのです。可能性はいくらでも思いつきます。しかしそれが正解かどうかはほとんどブラックボックスのようなもので、証明することはできません。もしかしたら元々できる選手が集まっていただけかもしれないのです。

具体的に例を挙げるとわかりやすいと思います。ターンオーバーが多いチームがあるとします。ターンオーバーの原因を分析し、ハンドリング不足だとわかりました。そうならハンドリングに取り組めばターンオーバーは減っていくはずです。しかしターンオーバーが少ないチームを見て、そのチームがやっている練習をそのままやっても改善するとは限りません。

ターンオーバーが少ない要因は、オフシーズンに取り組んでいる個人練習によるものかもしれないのです。単に強豪校の練習を真似しただけでは強くなれないということを何度か示してきましたが、これもその一つの裏付けです。

リバースエンジニアリングに頼りすぎずにいい練習を作っていくためには、ゲームを分析して課題を抽出し、それに対する改善を繰り返すような試行錯誤がおすすめです。そうして具体的に練習メニューを改良していくことが、指導者としての学びを深めることになるのです。

4 脳は簡単に処理したがる

人間の脳は見たり聞いたりしたことを、できるだけ簡単に理解しようとします。なぜなら一つひとつの物事の裏側や言葉の行間を読んでいると負荷が上がり、理解するまで時間がかかってしまい、それは非常に煩わしいからです。

例えばある患者が病院で検査をしました。医者はその結果から判断して「病気はありませんでした」と言ったとします。しかし、この言葉は厳密に聞き分けると、病気がないことを証明したわけではないとわかります。このセリフの裏には「今回の検査の結果、病気であるという証拠は見つかりませんでした」ということを言っているのです。しかし患者は「自分は病気ではない」と断定してもらったと安心するでしょう。

「病気であるという証拠がない」

「病気ではないという証拠がある」

両者は言葉では同じく「病気ではない」と表現できますが、イコールではありません。

こういった繊細な違いの識別を、脳は嫌がります。指導者として学ぶときにも、こういった細かいことの識別を嫌がる人は「シンプルに考えよう」といって吟味することから逃げてしまいます。その結果、第一巻のような技術の定義を深掘りすることから遠ざかってしまうのです。

もちろんコーチにとってシンプルに伝えるというのも大事なスキルです。しかし「難しく考えるのは面倒だからシンプルで良い」というのと「深く追求した末に簡単な言葉と、かみ砕いた表現でわかりやすく伝える」というのでは、同じ「シンプルに伝える」という目的だとしても、まったく意味が違うのです。

指導者として、学びの質を高めて「なぜ？」「どうして？」と疑問を探求し、短絡的に妥協した理解をせず、腑に落ちるまで物事を考え尽くす情熱が必要です。

それでいて、選手たちにそれを伝えるときには、複雑なものをできる限りシンプルにして、本質を伝えられなければなりません。

アインシュタインが言う、「6歳の子どもに説明できなければ、理解したとは言えない」という名言が、まさにこのことを言い当てています。しかし、アインシュタインも6歳の理解レベルでいいとは言っていません。指導者は学ぶことをやめてはいけないのです。

CHAPTER 7

5 追認の誤りと講釈の誤り

もう一つ、コーチが陥りやすい思考状態について説明しておこうと思います。それが「追認」と「講釈」と言われるものです。

「追認」とは結果から要因を探っていこうとする思考方法です。ある大会で初優勝したチームの勝因を探ろうとします。そこで「去年まで勝てなかったのに勝てるようになったのは、新しく取り組んだことに要因があるのではないか」と推察します。コーチに「今年から始めたことはなんですか?」と聞くと「練習前にハドル（円陣で掛け声をかける）を組むようになった」と言ったとします。これを聞くと勝因を知りたいと思っている側は「ハドル」＝「勝利」と簡単に関連づけようとします。

しかし実際はそんなに単純なことではないことがほとんどです。もっと前から取り組んできたディフェンス戦術がチームに浸透してきて、今年のチームにフィットしたことのほうが大きかったかもしれません。このように追認する作業はとても難しいのです。

一方で「講釈」とはサクセスストーリーを都合の良いように作って理解できたと思って

しまうことです。勝ったチームがファンダメンタルに優れたチームだった、だからファンダメンタルを徹底的にやっているはずだと解釈する方法です。しかし実際にはそのチームは実戦的な練習を繰り返す中で自然とファンダメンタルを高めるような方法をとっていたりします。勝手な講釈で、ファンダメンタルの徹底を説き、情報をミスディレクションしてしまうこともあります。こういった誤った情報の拡散はあちこちでよく起きています。SNSが発達した現代に拡大した問題です。

コーチにとって、他のチームを見て、分析をすることはとても大切な能力です。しかし追認や講釈による誤った理解は実に多くの現場で起きています。脳は簡単に物事を処理したがっています。我々指導者に求められているのは、もっと深く考えることです。簡単に考えず、考えて、考えて、考え尽くして、それを簡単に考えたかのように示せるかどうかです。その深い洞察が、追認や講釈の誤りから自らを守るのです。

CHAPTER 8

偉大

哲学と美学

1

ANDの才能

AND（アンド）の才能については第三巻でも述べましたが、第四巻でも実に多くの場面で登場したキーワードです。それだけ、偉大なチームをつくるうえで重要な要素になります。ここではこの要素についての理解をさらに深めていただきたいと思います。

すべてが高いレベルで整っている選手を求めるのは欲張りすぎです。みんなそういう選手ばかりならコーチの指導力は必要ありません。選手は強みがあれば、同じくらいの弱みを持っているものです。そういう選手をいかに育てるかにコーチのANDの才能という手腕が問われると思います。

最も簡単なのは、強みを消してしまって、弱みを平均レベルまで持っていく方法です。日本の教育システムは、この方法をとることが多いと言われています。尖った部分を削り、突出した存在になることを嫌います。しかし、このバランスの取り方では強みも平均化されてしまい、凡庸な選手になってしまうことがあります。

少し前のJリーガーに岡野雅行という選手がいました。足はめっぽう速いのですが、ドリブルやトラップでボールを扱うのは大の苦手という選手です。しかし日本代表にまで選出され、日本を初のワールドカップに導く決勝ゴールを挙げました。もし岡野選手がスピードを殺してでもテクニックを身につけようとしたら、この偉業は達成できなかったかもしれません。

選手に強みと弱みがあるのなら、コーチは強みを消さずに弱みを克服するという難題に取り組まなければなりません。これがANDの才能というものなのです。偉大な組織、偉大な指導者に共通の重要な要素です。相反する二つのものを同時に手にする能力、同時に発揮する才能を持つ人が、偉大な指導者になるのだと思います。

2
仲が良いから良いチームになるわけではない

日本人の美徳として「和を以て貴しとなす」という価値観があります。しかしチームスポーツでは和を単なる仲良し集団と捉えてはいけません。仲が良い＝良いチームではないのです。

良いチームは、「成果に対して責任を全うする人材が揃っていて、個々が自分の強みを発揮することができ、さらにそれが相乗効果となって高みを目指していけるチーム」です。全員がこういった意識で練習や試合に取り組むことができれば、仲が良い悪いとは別次元で自然に調和が取れていくものなのです。

例えば、チームワークが良くなったから勝てるようになったと考えるコーチがいます。しかし良いチームの定義に沿って考えれば、勝つことによって、結果的にチームワークが良くなったというほうが自然な流れなのです。だから最初にチームメイトが仲良くなることに力を入れるのは偉大な組織の作り方と方向が違っています。まずは強くなること、偉大な組織を作って偉業を為すことに力を注ぐのが先なのです。

チームワークを最優先に考えるチームが陥りやすいのが、見せかけだけの仲の良い関係です。ミスをした人を責めると角が立つ。だからミスをしても「ドンマイ」で済ませてしまう。ドンマイと言った選手も、自分がミスをしてもドンマイで済ませてもらえるという甘えが生まれる。こういうチームを良いチームワークとは言いません。しかも、こういう友だち関係が、本当の友情になるでしょうか？　偉大なチームの一員になりたければ、偉大なことを成し遂げることに没頭することです。そのプロセスを共有した結果として、「和」が成されるのだと思います。

結果として、偉大なチームというのは「徹底的に結果にこだわるお互いの緊張感」と「お互いがお互いを必要とする親和性」というようなＡＮＤの才能を手にすることになるのです。

CHAPTER 8

3

良い指導者の条件

私はコーチを志したときからこれまで、ずっと「良いコーチ」の条件を問い続けてきました。これまでに見つかった答えは一つだけです。それは「魅力」です。魅力がないコーチよりも魅力があるコーチのほうが絶対に良いと言い切れます。しかし裏を返せばこれ以外に良いコーチの条件は見つかっていないのです。

最近は「選手を褒めて伸ばす」ことができるのが良いコーチという傾向があります。「褒める」ことは絶対的な条件と言えるでしょうか。

あるエピソードを紹介します。褒めることを大事にしたコーチングをしていた指導者が、卒団生からもらった色紙で「自分たちが悪いプレーをしたり、ダメだったりしたときは、もっと怒ってほしかったです」というメッセージをもらいました。その子にとっての良いコーチは、褒めてばかりでまったく怒らないコーチではなく、自分たちがダメなときにはきちんと叱ってくれる指導者だったのです。

褒められて伸びる選手がいるのは確かですが、この子のように自分が悪いプレーをしたときには叱ってもらいたいと考えている選手もいます。すなわち「褒める」とか「叱る」というのは手法であり、良いコーチの絶対的な条件ではないということがいえます。

良い指導者の条件は、単なる手法の違いではありません。もっと本質的な問いです。この本質的な問いに対して私が見つけることができている唯一の答えが「魅力的であること」です。魅力がないコーチよりも、魅力があるコーチのほうが良いコーチです。

では、魅力とはどういったものなのでしょうか？　例えば、「厳しさ」と「やさしさ」という相反する二つのものを手にしているコーチのほうが、ただ厳しいだけ、ただやさしいだけのコーチよりも魅力的です。

「まじめさ」と「ユーモア」の両面をもっているコーチのほうが、まじめなだけ、ふざけているだけのコーチよりも魅力的です。

魅力的なコーチになるためのカギも、このＡＮＤの才能が重要になるのです。

そして、ＡＮＤの才能以外に魅力的な人物の共通条件があります。それは、エネルギーがあることです。魅力的な人ほど、熱量の大きさ、情熱とも言えるものを持っています。

つまり、良い指導者になるために、情熱が欠かせないと私は考えているのです。

4 第五水準の指導者

選手に成長段階があるように、組織のリーダーたるべきコーチにも成長段階があります。もちろんコーチが本来持っている下地が大きく影響しますが、より高いレベルになることを目指して成長していくことができます。次のような五段階に分けられます。

第一水準は「有能な個人」です。才能、知識、スキル、勤勉さといった個人としての能力は優秀なリーダーになれるだけのものを持っています。そしてその能力を活かして自分も生産的な仕事ができます。しかしこの段階のリーダーは、個の能力を発揮することはできても組織を動かすだけの能力はありません。

第二水準は「組織に寄与できる個人」です。第一水準と同じように優秀な能力を備えていて、その能力を組織の目的のために発揮できます。第一水準との違いは個の能力を活かすだけではなく、組織の中で他者と協力することができることです。

第三水準は「有能な管理者」です。個としての能力を持っていてその活用法も知っています。そのうえで自分が動くのではなく、達成するべき目標に合わせて人と組織を資源化して、管理・運営できます。

第四水準は「有能な経営者」です。組織が向かうべき明確かつ説得力のあるビジョンを持っていて、それを実現することができます。そして一つの成果に満足することなく、さらに高い目的を達成するために組織に刺激を与えることができます。

第五水準は「偉大な経営者」です。組織のトップとしての意志の強さとリーダーとしての謙虚さという一見矛盾した性質を自身の中に共存させています。そして一度の成功だけでなく、その成功を持続するような組織運営ができます。

これをバスケットボールチームに当てはめると、第四水準と第五水準の間に決定的な違いがあるような気がします。第四水準までのコーチは自分のカリスマ性で選手やチームを強化できます。そしておそらくは成功を自分の手柄だと感じるコーチです。第五水準のコーチには成功に対する「謙虚さ」があります。有名になろうとか、コーチとしての力量を誇示したいという気持ちがありません。とにかく偉大な組織を作るという一点だけに焦点があっているのです。

もちろん第四水準でも十分に優秀なコーチです。しかし、偉大なチームを作るのは第五水準の指導者であることを、偉大な指導者たちの歴史が証明しているのです。

5 指導者が磨くべき5つの側面

指導者が磨くべき能力が5つあると言われています。「5者」と言われるもので、それぞれに指導者が果たすべき役割の側面が表現されています。

①学者

その分野に精通していて、博識でなければなりません。「教える」という立場にある人間なのですから当然のことです。

②医者

バスケットボール選手にはケガが付き物です。ケガはしないに越したことはありませんから、予防できるのがベストですが、もしものための応急処置など最低限の医学的な知識は持っていたいものです。育成年代なら成長期についての知識も必要です。

またチームスポーツですから組織の問題点を見つけて、治療するという意味でも医者と言えます。

③易者

選手の将来を見通せなければ適切な指導はできません。チームの未来を見通せなければ継続性を保てません。また試合までのスケジュールを管理しなければなりませんし、いざ試合になれば展開を読んで、選手起用や戦術を考えます。

④芸者

自分の言葉をどうやって相手に伝えるか。どうすれば伝わりやすいか。これを表現するのは一種の芸能です。またバスケットボールの試合を観客にどう見せるのかという意味でも、エンターテイナーとしての能力が必要になるでしょう。

⑤役者

選手が浮かれているときに厳しい顔をし、苦しいときに前向きな言葉をかける。怒りながら手ごたえを感じて心の中で笑う。コーチという役を演じるという意味で役者でなければなりません。

指導者にはさまざまな能力が求められるということです。チームという有機体を成果に向けて導かなければならないわけですから、多くの側面が求められて然るべきです。指導者という役割は、一生をかけて探求し続ける価値のある役割だと思うのです。

CHAPTER 8

6 プロフェッショナルの倫理

「知りながら害をなすな」というプロフェッショナルの倫理観があります。ドラッカー氏の言葉で、間違っているとわかっているのに、あえてそれをやってはいけないという考え方です。コーチはプロフェッショナルの倫理を順守しなければいけません。もしコーチがこの倫理観を守る気がなければ、選手とコーチの信頼関係は崩れ去るでしょう。

例えば医者は医療について知識や技術があります。患者は医者が現在の医療技術をもって適切な治療をしてくれると信じているから手術を任せられるのです。医者が健康を害するような処置をするかもしれないと疑わなければならないとしたら、我々は医療というものを享受することはできなくなります。

コーチも同じです。指導方法や理論は進化しています。かつてうさぎ跳びは足腰を鍛えるのに良いトレーニングと考えられていましたが、いまではヒザへの負担が大きく障害の原因にもなりやすいとして育成年代では敬遠されるトレーニングです。これは、今では一般的な知識になっています。うさぎ跳びを何回もやらせてケガをしてしまった人がいても、昔ならコーチを責められませんが、いまでもやらせるコーチがいたらそのコーチはプロフェッショナルの倫理の観点から批判を受けることになります。

だから私はコーチが最先端の理論や技術を学ぼうとする姿勢を持ち続けなければならないと考えます。コーチの知識が増えれば、知らずに害をなす可能性が減っていきます。常に学び続けることは指導者としての責任なのです。「指導者は学ぶのを止めたときに教えるのを辞めなければならない」という名言があります。これは、サッカーの元フランス代表監督であるロジェ・ルメール氏の言葉です。現状に満足せず、どん欲に知識を得ていく姿勢を持つことが、プロフェッショナルとしての倫理を示すことになるのです。

7 教育的責任

教育的立場にある人間が、生徒に責任を持つのはどこまででしょうか。自分が良いと考えている概念を伝え、良い影響を与えようとすることは責任です。プロフェッショナルの倫理を持ちながら最善の方法を模索して、ベストを尽くします。

バスケットボールのコーチも同じです。選手がうまくなるための知りうる限り最高の方法と材料を提供します。しかし、その選手自身が、どのような人生を歩むかは彼らの責任であり、自由です。我々の教育的責任は、選手を無理やり自分の価値観に従わせて、洗脳することではありません。選手が自ら考え工夫し、自立できるように教え導くことです。食料に困っている人たちに魚を与えるのではなく、魚の取り方を教えることで、その人たちは自分がいなくなったあとも食料に困らなくなるのです。

教育的責任を果たすということは、自分がなんでもやってあげることではありません。なんでも自分が言う通りにやらせることでもありません。選手たちの一人ひとりの人生に我々は触れているのです。教育的責任を果たしていかなければなりません。

CHAPTER 8

8

自ら考え工夫する選手の育成

選手が成長するかどうか、それは最終的には選手次第です。そのためにコーチは自ら考えて工夫できる選手を育てなければなりません。

子どもたちが育つ現代の日本の環境では、言われたことを言われた通りにやることが評価されます。だから子どもたちは人が期待する通りの答えを探そうとします。これではバスケットボールのような混沌としたスポーツに対応できる選手は育ちません。

我々指導者も同じです。人から言われたことをそのまま行うのではなく、自らが考えて工夫することが重要です。そして、選手のことを、自ら選び成長の責任を請け負うことができる存在だと信じるのです。「言う通りにやれ」、これでは自ら考えて工夫する力はつきません。選手たちの可能性を広げるためにも、多くの価値観に触れさせることが大事です。言われたことだけを正確にやる選手からコーチを超えていく選手は生まれません。最後にコート上で判断するのは選手自身なのです。

9

「Aをしろ」＝「Bをするな」ではない

ヨーロッパで行われたクリニックで、私はディフェンスのドリルを担当したことがあります。ボールサイドでディナイ（ボールを受けようとする選手にプレッシャーをかけるディフェンスのプレー）、逆サイドでヘルプをするドリルがあります。ボールサイドでディナイをしたら逆サイドへパスを出して、今度はサイドを入れ替えて同じようにディナイをし、逆サイドはヘルプをします。これを2回繰り返すという練習をしました。

まず日本の選手がやりましたが、言われた通りにほとんど完璧に行いました。スムーズでなんの突っ込みどころもありません。次に現地の子どもたちにやってもらいました。すると「2回ディナイをしたら逆サイドへパスを入れる」という指示を無視して、ディナイできていないところへパスをします。出した選手は「サボってんなよ」とばかりにニヤニヤと笑っています。パスを出されてしまった選手は悔しそうです。さらに続けますが、パスを出す選手はまだ隙はないかと狙っていますから、ディフェンスは気を緩められません。ドリルはなかなか進みません。最後までやるのに日本の選手たちよりもずっと時間がかかりました。

より実戦的な練習はどちらでしょうか。日本の子どもたちは「ドリルを正確にやり切ること」が目的になってしまっているのに比べて、現地の子どもたちはドリルではなく、まさにバスケットボールをしていました。

このときに「Aをしろ」は「Bをするな」ではないということを日本の選手たちに教えるのは大変なことだと実感しました。日本の子どもたちは「2回ディナイしたらパスを出す」を勝手に「パスを出してはいけない」と解釈していたことになります。現地の子どもたちは「出せるときにはパスを出すのがバスケットボールだ」と解釈していたのです。日本の選手は「許可」がないと逸脱できないのです。もし、「ディナイが弱かったらパスを出してもいいよ」と指導をしていたら、現地の子どもたちのように、途中でパスを出す選手が出ていたと思います。

日本の子どもたちを指導するときには、Aをしよう！　と指示を出しても、Bはしませんが、あえて指導者がBを使う状況を作り出し、「なぜBをしないんだい？」と引き出すコーチングが必要なのです。そうして、Aをしようという指示を出しても、Bが必要な瞬間にはBを選べるような選手を育てることが重要なのです。

CHAPTER 8

10

教える人間の美学

自分が指導した選手が日本を代表するような選手になったり、都道府県の代表選手に選ばれたりしたら嬉しいものです。しかしこういったことをことさらに強調して「俺が育てた」「俺のおかげでうまくなった」と言うのはあまりかっこいいものではありません。選手のほうから自然な形で「コーチのおかげで」と感謝されていれば良いことです。それが一番良いコーチと選手の関係なのではないかと思うのです。

そしてコーチは選手から「コーチのおかげです」と言われたとしても「いや、君がすごかったんだよ」「あなたが頑張ったんだよ」。そう言える関係が美しいと思うのです。

私は、教え子という言葉をあまり好んで使いません。「あの選手は僕の教え子です」と言うのは、なんとなく、自分の影響を強く受け取ってくれた子ですと自分で言っているような気がして、おこがましく感じるのです。

私は第五水準の指導者でありたいと思っています。いま私が第五水準と呼べる人間性を育めているのか、自分ではわかりません。ただ、はっきりとわかっていることがあります。

それは、私が選手たちの活躍を「俺のおかげだ」とか、「俺が教えたから」と言うようになったら、第五水準の指導者にはなれないということです。私は、私が接する選手たちは自ら考え工夫する力を持った存在だと考えています。つまり、自分で自分のことを成長させることができると信じています。そして、そうなれるように導きたいとも思っています。もし、自分が教えたことで活躍したと考えるならば、その前提がもはや自分が信じていることとずれているのです。私は、選手たちの成長や成功に対して、こう考えるようにしています。

私は彼らにとって影響の一部であり、全部ではありません。彼らの成功は、彼ら自身のものであり、彼らに関わった多くの方々の影響によるものです。私の影響だけが成功の要因であったとは考えられません。それでも、自分が与えた影響が彼らの成長に寄与できていたのなら、これほど幸せなことはありません。

11

選手を広告に使わない

ビジネスマンにも仕事をするうえでの美学とも言えるものがあります。契約を取るために、自社の製品の魅力を伝えて契約を勝ち取るのか、取引先の担当者に手厚い接待をして契約を勝ち取るのかは、仕事に対する美学の問題なのです。我々の会社にも、美学として頑なに守っているポリシーがあります。それは、選手をコマーシャルに使わないということです。「○○が日本代表になりました」とか「○○選抜になりました」というような、選手を広告に使うようなキャッチコピーをホームページなどに一切載せたことがありません。

もし私やエルトラックのコーチ陣が、その選手のすべてに影響したとするならば、そんなコマーシャルの文句も選べるかもしれません。しかしそんなことはありえません。もしそういうことがあるのなら、「指導者は選手のすべてに影響を与える存在である」という定義を持つことになります。しかし私はそんな定義を持っていません。

実際は、選手は我々以外にもさまざまなことから影響を受けて自己を生成して、それだけの成長を果たしたはずです。我々の指導はその選手が受けた影響のうちの一つでしかないのです。むしろ選手にはさまざまなコーチの影響を受けてほしいと思っています。もちろん選手に大きな影響を与えるようなコーチングを目指していますし、選手が最高の自分になるための手助けをしたいと思っています。しかしそれを強調して「我々こそが優秀な指導者です！」と言うのは、かっこいいことではないと思っているのです。

今ではさまざまな場所にスクールがありますが、もちろんその中に選手を広告に使うところがあったとしても、それを否定するつもりはありません。本シリーズの読者ならおわかりと思いますが、それぞれの組織には哲学や理念があります。私たちの理念に沿う形を追い求めるとこういう形になるというだけのことなのです。

偉大な組織を作るためには、理念と行動が合致していなければなりません。指導者の一つの言葉、一つの行動には、その理念が反映されています。裏を返せば、その一つの言葉、一つの行動から、理念や価値観は透けて見えてしまうのです。

CHAPTER 8

12

偉大なる挑戦

バスケットボールチームを率いるコーチは日々さまざまな挑戦をしています。このとき偉大なチームに必要なものは「クリアできないかもしれない。でももしかしたら達成できるかもしれない」という「野心的な目標」です。

ちょっとした達成感を得たいのなら、簡単に達成できる目標でも良いかもしれません。逆に、目標は高いほうが良いとばかりに、絶対にクリアできないようなものを掲げたくなる人がいるかもしれません。しかしどちらも選手を引きつける魅力にはなりにくいものです。いまのままでは無理だろう、でも頑張ればもしかしたらできるかもしれない！　と思えるものであることが大切です。

偉大な組織を目指すためには、組織を構成する人材がものを言います。偉大な組織はほとんどの人が「それは無理だ」と思うような野心的な目標を設定します。しかし、一部の人材が、「いや、それでもなんとかやれば俺たちでもやれるんじゃないか」「それがやりとげられたら最高だぞ」と思えるような目標を設定します。その一部の人材が周りの人材に影響し、オートポイエーシスし、偉業を成し遂げる組織へと成長していくのです。大勢が簡単に納得してくれるような目標では、野心的な目標とは言いません。野心的な目標への歩みという偉大なる挑戦が偉大な組織を作るのです。

成果を挙げるためには、苦しい練習にも耐えなければなりません。体育館で長い時間を過ごすなかで、その時間がワクワクしたものになるか、平凡な毎日になるかは、指導者が示す目標設定によって決まります。

ワクワク感を感じながらスポーツができるように、偉大なる挑戦ともいえる目標を掲げることが重要なのです。

13

人生は時間でできている

仏教などに「輪廻転生」という考え方があります。人は死んでもまた生まれ変わり、現世の行いが来世にも影響するというものです。私は自分の前世のことはまったくわかりません。現世である今、この人生がどうであるかは、今を生きる本人しか感じられないものなのです。

我々が使える時間は有限です。この限られた、貴重な財産を無駄にすることはできません。子どもたちであれば、学校生活が第一にあります。授業を受け、友だちと過ごす時間。宿題や家族との時間もかけがえのない時間です。そんな何物にも代えがたい時間を割いてバスケットボールをしているのです。

コートで過ごす時間は、指導者にとっても、選手たちにとっても、人生の貴重な時間の一部です。今この1時間、この10分をどう過ごしたかによって未来が変わります。その時間がより充実したものであるように、我々は学び続ける必要があるのです。そして、選手たちも二度とやり直せない「今」を大事に、ベストを尽くしてほしいと思います。

CHAPTER 8

14

最後にどうありたいか

私は人生の最後に「満足した！」と言える最期を迎えたいと思っています。人生は時間でできています。満足した最期を迎えるためには、「満足できた」と感じるものに時間を使わなければなりません。自分が費やした時間こそが自分の生きざまになるのです。

バスケットボールは勝負の世界ですが、私の人生はだれかと競っているわけではありません。すべては自分が最後にどうありたいかを基準に行動を決めています。裏を返せば、最後にどうありたいかを考えれば、自然にいま何をすべきかが決まるのです。

それが、私の人生哲学であり、指導哲学です。指導者としての哲学は、自分自身の人生における哲学とつながります。なぜなら、コートで指導している時間も、人生の一部だからです。皆さんも自分自身の哲学と向き合うことで、自分が何者であるか、指導者としてどうあるべきか、選手たちにとってどんな影響力になりたいのかが見えてくるのだと思います。

おわりに

なりうる最高の自分を目指す

「成功とは、自分がなれるベストの状態になるために最善を尽くしたと自覚し、満足することによって得られる心の平和な状態のことである」

私が影響を受けたジョン・ウッデン氏の成功の定義であり、私の座右の銘です。私は、なりうる最高の自分を目指すことこそがスポーツの本質的な意義だと考えています。そして、選手が最高の自分になるためのサポートでベストを尽くすことが、コーチである私の理念です。さらに、その理念を体現し続けることは、私自身が最高の自分を目指すことにもつながっているのです。

四巻を通じて、一貫したメッセージがありました。それは、なりうる最高の自分を目指そうということです。選手にとっても、指導者にとっても、コートにいる時間は人生の時間の一部です。その時間にベストを尽くすことによってのみ、満足感という心の平和は訪れます。その日々の繰り返しの先に、満足したという人生があるのだと思うのです。

四巻を通してきたからこそ、このメッセージの奥深さを表現することができたと思っています。この機会を与えてくださったベースボール・マガジン社の皆様、関係者の皆様に感謝します。また、ここまで我々の成長に影響を与えてくださったすべての方々、毎日時間を共有しているＥＲＵＴＬＵＣのスタッフ、毎日心の平和を与えてくれている家族にこの場を借りて感謝の気持ちを伝えたいと思います。本当にありがとう。そして、この本が多くの方々の心の平和に役立つことを願って、最終巻を締めくくりたいと思います。

参考文献

『元祖プロ・コーチが教える　育てる技術』
ジョン・ウッデン、スティーブ・ジェイミソン共著
弓場隆訳　ディスカヴァー・トゥエンティワン

『ビジョナリー・カンパニー　時代を超える生存の原則』
ジム・コリンズ、ジェリー・ポラス共著
山岡洋一訳　日経BPマーケティング

『ビジョナリー・カンパニー②　飛躍の法則』
ジム・コリンズ著　山岡洋一訳　日経BP社

『ビジョナリー・カンパニー④　自分の意志で偉大になる』
ジム・コリンズ、モートン・ハンセン共著
牧野洋訳　日経BP社

『マネジメント【エッセンシャル版】――基本と原則』
P・F・ドラッカー著　上田惇生訳　ダイヤモンド社

『イノベーションと企業家精神【エッセンシャル版】』
P・F・ドラッカー著　上田惇生訳　ダイヤモンド社

『TQ　心の安らぎを得る究極のタイムマネジメント』
ハイラム・W・スミス著　黄木信、ジェームス・スキナー共訳
ソフトバンク文庫

鈴木良和

1979年生まれ、茨城県出身。千葉大学大学院在学中の2002年に「バスケットボールの家庭教師」の活動を開始。株式会社ERUTLUCを立ち上げ、小・中学生を中心に、高校生から幼稚園児までバスケットボールの普及・強化に努める。「なりうる最高の自分を目指そう」を理念とするジュニア期コーチングの専門家。日本バスケットボール協会U-12、U-13ナショナルキャンプヘッドコーチ。

バスケットボールの教科書《きょうかしょ》 4

指導者《しどうしゃ》の哲学《てつがく》と美学《びがく》

2017年2月28日　第1版第1刷発行

著　　者　鈴木良和《すずきよしかず》
発 行 人　池田哲雄
発 行 所　株式会社ベースボール・マガジン社
〒103-8482　東京都中央区日本橋浜町2-61-9 TIE浜町ビル
[販売部]　03-5643-3930
[出版部]　03-5643-3885
振替口座　00180-6-46620
http://www.sportsclick.jp/

印刷・製本　広研印刷株式会社

ISBN978-4-583-11061-5　C2075